HAROLD !

NATASHA A. FRASER

HAROLD !

Ma jeunesse avec Harold Pinter

Traduit de l'anglais par François Rosso

le courage

BERNARD GRASSET
PARIS

le courage

collection dirigée par Charles Dantzig

Photo de la bande : © Ivan Kyncl / ArenaPAL / Roger-Viollet

ISBN 978-2-246-81807-6

À ma mère, Antonia Fraser

INTRODUCTION

« Les vrais poètes doivent être véridiques. »
Wilfred Owen

Dans le naufrage de la maladie, mon beau-père n'était pas d'humeur à la conversation. Nous étions six semaines avant sa mort. Tout en débordant de compassion tant pour lui que pour ma mère, Antonia Fraser – ce puits de bonne grâce et de patience –, je me sentais aussi la bouche scellée. Demander à Harold des nouvelles de sa santé aurait été malavisé : autant marcher sur la tête d'un dragon endormi.

En cette fin d'octobre, je me trouvais à Londres pour les vacances de mi-trimestre de mes filles. Nous nous couchions assez tôt, jusqu'à une certaine nuit où je m'éveillai avec le besoin de parler à Harold. Telle une vague, une voix intérieure me pressait. L'esprit embrumé comme dans une transe, je descendis l'escalier vaille que vaille. La maison était celle de mon enfance. Ici, un soir de pleine lune, j'avais poussé mon premier cri. Mais cette nuit-là, mes souvenirs se brouillaient. Je remettais en cause mon droit même d'être présente. Mes pieds nus sur le tapis, mes doigts frôlant le bois lisse de la rampe, ma main tendue entrouvrant la porte du salon.

Harold était assis dans son fauteuil de l'autre côté de la pièce. À sa gauche, une pile de recueils de poèmes et un verre de chardonnay. Il portait son grand peignoir en éponge marron foncé, image familière, et avait croisé ses jambes nues. Tout sourires, il semblait en grande forme : un changement bienvenu. « Ta-a mè-ère est à l'o-o-pé-ra », chantonna-t-il, et son phrasé en vocalises *staccato* me fit rire. « Elle sort tout le temps, tout le temps, pour rencontrer des gens nouveaux. » Je me représentai les rouges à lèvres sur la coiffeuse de ma mère, ses pochettes de soirée accrochées à l'extérieur de la salle de bains, l'éclat dans la nuit de ses cheveux blonds avant qu'un taxi noir ne l'enlève.

« Ça ne me gêne pas qu'elle sorte, mais il faut qu'elle rentre, poursuivit Harold. Oh, oui. Qu'elle rentre ! » Le ton de sa voix était ferme, mais mélancolique le geste de sa tête qui se détournait quelque peu. Observant son profil, je me demandai combien de temps il lui restait, jusqu'à ce que son visage s'éclaire. « Je pense à toi quand tu étais petite, dit-il. Tu te souviens ? Tu avais les cheveux très longs, avec une frange. » Je lui rappelai notre première rencontre, justement dans cette pièce. Harold voulait alors voyager, et ces voyages avaient commencé par nos premières vacances dans le Dorset. Par les soirées embaumées à bord de sa Mercedes décapotable et d'autres moments d'insouciance.

Pour l'essentiel, ces présents mémoires embrassent la première décennie de notre relation – de 1975 à 1985 – et ce qu'ils relatent est entièrement mon expérience. Ils commencent à Londres et s'achèvent à Los Angeles, où se poursuivait ma vie. À l'automne 1985, Harold jouait dans sa pièce *C'était hier* et vivait naturellement avec ma mère, sa seconde épouse. Recevant son doctorat *honoris causa* de l'université d'East Anglia, il avait déclaré se voir comme deux personnes : Pinter l'écrivain et Pinter l'homme privé. C'est ce dernier que dépeint *Harold !*.

Il était salué comme le prince du théâtre britannique et j'étais la quatrième enfant d'Antonia Fraser, le grand amour de sa vie. Nous étions six : trois filles et trois garçons. À la différence de mes cinq frères et sœurs, je n'étais pas douée pour les études et on me taquinait parce que je ne lisais pas. En revanche, j'étais une épistolière frénétique et, encouragée par ma mère, je nourrissais des obsessions. Alors que mes camarades d'école couvraient les murs de leur chambre de photos de leurs poneys et des gymkhanas locaux, les miens l'étaient d'effigies de Toutânkhamon, le pharaon adolescent. Sans en avoir conscience, j'étais déjà douée d'un œil pour l'image et le cinéma. Et à bien des égards, Harold est devenu mon « moteur ». J'étais différente, un coucou entré dans le nid, et, en m'encourageant, il transforma ma vie. Mon seul regret est de ne pas l'en avoir remercié.

La première fois que nous nous sommes rencontrés, je n'avais aucune idée de qui était Harold Pinter. Comme la plupart des enfants au Royaume-Uni, j'avais vu plus de pantomimes que de vraies pièces. Deux expériences théâtrales m'avaient cependant marquée. La première était une production locale des *Jeunes Visiteurs*, adaptée d'une nouvelle pour la jeunesse de Daisy Ashford. C'étaient les beaux costumes et l'imposant décor qui avaient su me séduire. La seconde, la mise en scène des *Amants terribles* signée John Gielgud, avec en tête de distribution Maggie Smith et son mari d'alors, Robert Stephens. J'y avais assisté depuis une loge de côté avec des amies de la famille. À neuf ans, bien sûr, une grande partie de l'humour de Noel Coward m'était passée au-dessus de la tête, mais j'avais été captivée par le jeu de Smith : sa grâce naturelle, sa voix caustique, tout cela rehaussé par sa coupe au carré d'un roux très vif et sa svelte silhouette moulée dans ses tenues années trente. Le « style clapet » ne faisait pas un pli sur elle.

Voulant grandir à tout prix, je rêvais de porter des soieries, d'être intime avec des vedettes de cinéma et de dîner dans les restaurants les plus à la mode. J'avais eu de la chance avec mon école, un pensionnat catholique où mes condisciples se montraient aussi gentilles qu'intelligentes, mais je priais pour que mon existence prenne bientôt un autre tour. Et avec Harold, elle l'a pris. Du jour au lendemain. Généreux, accueillant, il m'a fait devenir partie intégrante de sa vie, ce qui signifiait découvrir vraiment le théâtre, rencontrer des acteurs de renom et dîner dehors soir après soir.

Née dans un milieu privilégié – mon aristocrate de père était député conservateur aux Communes et ma mère, tout aussi bien née, autrice de best-sellers et dotée d'une beauté illustre –, je n'avais pas l'ombre d'une raison de me plaindre. Pleins de ressources, mes parents menaient l'un et l'autre une vie hors du commun. Membres reconnus de la haute société britannique, ils n'en avaient pas moins d'innombrables amis plus bohèmes, journalistes ou écrivains. Mais tel n'était pas le terreau où je voulais croître – ou du moins m'en étais-je convaincue à cette époque. Comme eux, beaucoup de leurs relations étaient assez remarquables et, même s'ils affichaient fièrement une allure mal fagotée, de tels personnages se montraient imbus d'une confiance effrontée en leur statut social. Celle-ci les autorisait à y aller sans hésiter de leurs discours : soit pour se créer dans l'instant un havre intellectuel, soit pour en contrefaire l'incomparable confort. En toute circonstance, ce qui dominait était le sentiment de l'appartenance et du bien-être.

Des invités venaient en vacances chez nous dans le nord de l'Écosse. Ils s'émerveillaient de notre pavillon de chasse, un bien de famille construit sur une île privée de la rivière Beauly. J'avais beau comprendre que le lieu était enchanteur, je comprenais aussi qu'il n'était pas fait pour moi. Mon idée de la grande aventure ? Prendre l'autocar local pour Inverness, surnommée « la Venise du Nord », me commander un hamburger caoutchouteux de goût et de texture au Wimpy's (en comparaison, McDonald's semblerait gastronomique) et aller voir *Bambi* au *Scala*, le cinéma de la ville, qui projetait le film depuis dix ans. Mener la grande vie dans la métropole ! D'autres enthousiasmes consistaient à feuilleter les numéros du *Vogue* britannique – ma mère, en tant qu'éditrice et collaboratrice, les conservait tous depuis le début des années soixante – ou à regarder tous les vieux classiques du cinéma diffusés l'après-midi sur BBC2. Pour moi, ces deux passe-temps équivalaient à la félicité.

En 1974 s'était tenu un casting pour le film *Bugsy Malone*. Dirigée par Alan Parker, cette comédie musicale présentait des gangsters enfants. Bien que n'ayant pas eu le courage d'envoyer ma photo, j'avais éprouvé pour ce projet des sentiments de propriétaire. Lire des articles sur Jodie Foster, la jeune actrice principale, me rendait jalouse : son monde me faisait tellement envie ! Puis Harold est arrivé.

Il m'a confié une fois que le triomphe du *Gardien* en 1960 lui avait servi à trois choses : « Permettre à mon père de prendre sa retraite, acheter Hanover Terrace [sa grande maison sur Regent's Park] et m'offrir ma Mercedes gris argent. » Chacun de ces actes témoignait d'un élément différent dans le caractère de mon futur beau-père : la responsabilité, la fierté d'avoir réussi et un certain goût de l'épate. Bien qu'il n'eût pas son permis de conduire à cette époque, la Mercedes décapotable était la voiture de ses rêves.

Franc comme l'or, Harold faisait preuve d'une liberté de ton encore rare dans le Royaume-Uni des années soixante-dix. Récemment, une jeune cousine m'a demandé si c'était un homme étrange. Le plus étrange, c'était qu'il le fût si peu. En 1975, il était tombé fou amoureux de ma mère alors qu'il atteignait le zénith de sa carrière, laquelle comprenait l'écriture de scénarios, une association avec la compagnie du National Theatre nouvellement créée et des mises en scène sur Broadway.

« Je ne suis pas là », disait le message sur son répondeur téléphonique. « Évidemment, tu n'es pas là, Harold ! » m'étais-je écriée la première fois que je l'avais entendu. *Harold !* ambitionne de faire revivre en tant que témoin une époque révolue. Le pays d'alors était très différent. On y trouvait une innocence et une énergie créative encore épargnées par l'arrogance qui vient avec l'argent. Et aussi un respect craintif pour Paris, Rome ou Venise, perçus comme des endroits lointains et exotiques. Les nantis prenaient l'avion, le commun des mortels sa voiture, découvrant des terrains de camping en cours de route. Et jusqu'à l'arrivée au 10, Downing Street de Margaret Thatcher, le champagne était considéré comme le luxe suprême : un nectar doré.

CHAPITRE UN

Première rencontre

Harold et moi avons fait connaissance à la fin de février 1975, à Londres, dans le salon de mes parents. Le jardin était abandonné à un glacis de givre, les plates-bandes brunies et durcies. La lumière hivernale se déversait par les portes-fenêtres. En entrant, je l'ai découvert sur un petit fauteuil recouvert de velours près du côté du sofa où était assise ma mère. Le fauteuil était une causeuse brodée de noir en son centre, un tantinet incongrue pour un homme dans la force de l'âge. Je me demande à présent s'il y avait pris place en m'entendant arriver.

Dans sa tenue décontractée, Harold semblait différent des autres grandes personnes. Ses rouflaquettes broussailleuses lui faisaient un visage théâtral et il me rappela Tom Jones, le chanteur pop, ou des acteurs de séries télévisées populaires comme *Z-Cars*. De taille moyenne, il ne portait pas de costume et le col de sa chemise était ouvert sous sa veste, alors que j'avais l'habitude des messieurs en cravate. Quant à son signe distinctif, ses lunettes à monture épaisse, il n'était pas présent ce jour-là.

Ce fut l'idée de ma mère que je lui montre mon cahier de calligraphie. Le mot évoque quelque chose de grandiose, à annoncer en fanfare, mais ce n'étaient que des exemples de mes exercices d'écriture. J'excellais dans la calligraphie avec mon stylo à plume et j'étais souvent la première de ma classe.

Mon imagination, toujours vive, se répandait sur la page. Toutes les lettres de l'alphabet n'étaient pas commodes à dompter, et une ou deux se révélaient du genre rétif. Mais ce monde très personnel de l'écriture calligraphiée faisait de moi un personnage puissant. Il me semblait facile, me valait des compliments quand personne d'autre ne s'en mêlait. Ses rituels me plaisaient, comme appuyer sur ma plume et regarder s'écouler le petit flot d'encre bleu foncé. Le point d'orgue consistait à prendre mon porte-buvard en cuir vert pour y enfermer mes œuvres, comme sous scellés.

Une fois assis sur le sofa, Harold s'approcha de moi. Comme un des anges la tête en bas des tableaux de Chagall, je nous revois encore. Ses mains agiles et sculptées contrastaient avec les miennes, potelées et à fossettes. Je n'avais aucune idée de qui pouvait être cet étranger aux cheveux sombres, mais entre nous, un lien s'est aussitôt formé par-dessus mon cahier à couverture bleu marine. Pouvoir tourner les pages en commentant discrètement mon travail voulait dire qu'il m'écoutait. Quand il dit « C'est magnifique », il le fit avec naturel. De la part de cet inconnu, je ne m'attendais pas à tant de respect et de chaleur.

Maintenant, quand je rencontre des personnes du même âge d'une grande sensibilité, c'est à Harold que je pense. Je me rappelle la tendresse de son sourire, cette douceur particulière d'adulte qui peut tout changer. Une première rencontre pose le socle d'une subtile harmonie ou de l'incompréhension. Jamais son impact ne pourra être effacé. En d'autres termes, ou cet échange initial irrigue les racines, ou il les tranche tout net et d'emblée.

Bien que conquise par Harold, je me sentais partagée. Il y avait dans l'air un je-ne-sais-quoi de pesant. Et la complicité entre ma mère et lui ne me semblait pas tout à fait normale. Sortie du salon, je me ruai dans l'escalier, pressée de regagner l'îlot rassurant de ma chambre. Quelque chose m'agitait, mais quoi ? Impossible de mettre le doigt dessus. Ensuite, quand je me retrouvai dans mon monde bien contrôlé, cet épisode me rendit méfiante. Par crainte des conséquences, je choisis de garder le silence. Le secret impliquait que tout pouvait encore s'effacer et disparaître.

Six mois plus tard, je me trouvai confrontée aux photos de Harold dans la presse. L'une d'elles, assez joviale, captée par la BBC, produisit sur moi une certaine impression. Saisi de profil, on voyait son sourire aux dents écartées et son poignet anguleux terminé par une cigarette. La photo était publiée à côté de celle de ma mère. Présentés comme des amants, on les voyait exhibés dans la plupart des journaux nationaux du Royaume-Uni. L'épouse de Harold, Vivien Merchant, actrice renommée, avait entamé une procédure de divorce pour faute et désignait ma mère comme la coresponsable.

Ce que j'appris de Harold me surprit. Défini comme « le célèbre dramaturge juif », on révélait qu'il était « fils d'un tailleur de l'East End » et « issu des classes populaires ». Ses origines faisaient penser à Charles Dickens et à ses ascensions sociales de va-nu-pieds – en dépit de son absence d'accent cockney, trait distinctif des chauffeurs de taxi londoniens et autres figures familières de l'East End. Plus tard, j'ai découvert qu'il avait commencé sa carrière comme acteur, d'où sa voix devenue celle d'« un impressionnant baryton », comme la décrit son confrère auteur dramatique Arthur Miller.

J'ai déjà raconté comment ma mère a été prise à partie par les tabloïds britanniques. Jusqu'alors, elle avait été l'enfant chérie aux cheveux blonds et aux lèvres roses qu'on invitait à la radio et à la télévision, de même que la célébrité *glamour* qui inaugurait les fêtes des écoles. Soudain, on la décrivait comme une paria : une voleuse de maris de la « haute ». Il était choquant – et j'en ai été marquée à vie – de voir comment les médias britanniques avaient rapidement tourné casaque. À quel point tout pouvait changer.

Isolée dans notre maison de vacances des Highlands écossais, pour moi s'écoulèrent six semaines assez étranges, mais pas désagréables. Sans que j'en sache rien, ma mère se cachait avec Harold pour savourer avec lui leur félicité amoureuse. Mes jeunes frères et moi sommes restés avec notre père qui, stoïque, faisait comme si les articles médisants se réduisaient à un fatras de sottises. Et il n'en démordait pas. Son premier souci, c'était que nos vacances ne soient pas gâchées.

Député aux Communes, héros de la guerre reconnu – en Écosse, on ne l'appelait jamais autrement que

« commandant Hugh » parce qu'il avait osé se faire parachuter derrière les lignes ennemies en Belgique et aux Pays-Bas –, il devait éprouver un profond sentiment d'humiliation. Des années plus tard, j'ai fait la connaissance de l'épouse d'un autre député, qui se rappelait combien il était affligé et blessé. Comme elle est une Slave aussi belle que compatissante, j'imaginais facilement qu'il ait pu s'ouvrir à elle. Dans sa façon d'être, un homme du XIXe siècle, il n'a pas voulu charger ses enfants du fardeau de son chagrin. Né en 1918, il appartenait à une génération et à un genre d'hommes qui répugnaient à tout dire et à tout partager. C'est seulement des décennies plus tard que je devais m'entendre raconter quelle belle guerre courageuse avait été la sienne. Comment sa calme assurance et son talent pour les langues avaient permis de sauver des pilotes abattus en vol.

Non sans morbidité, je rassemblais les moindres articles de presse qui me tombaient sous la main. Fatras de sottises ou non, ils étaient assez fascinants. Je les lisais dans le grand escalier de l'entrée : sa légère incurvation formait une sorte de renfoncement et personne ne s'en servait dans la matinée. Massives, peut-être en chêne, les marches étaient larges et confortables et, quand j'y étais assise, tout le monde me laissait tranquille.

Ici et là, il était question de Harold, mais sans que sa réputation fût attaquée ni flétrie. Le fait d'être un homme, sûrement, le protégeait, car la presse de caniveau britannique se montrait notoirement misogyne. De surcroît, Harold n'offrait guère de prise au clabaudage : il n'avait jamais fait mystère de la modestie de ses origines, n'accordait d'interviews qu'au compte-gouttes et, à part quelques réponses désinvoltes comme « la belette tapie sous l'armoire à cocktails », se refusait à expliquer jamais le sens de ses pièces. Une chroniqueuse de potins l'a un jour surnommé le « grincheux socialiste », mais, à supposer qu'il l'ait su, je doute qu'il y ait prêté attention. Il méprisait les tabloïds et niait qu'il y eût la moindre drôlerie dans leur méchanceté gratuite. Ce qui reste une des raisons de mon profond respect pour lui – même si les gros titres accrocheurs du *Sun* pouvaient parfois amuser.

CHAPITRE DEUX

L'annonce

Au retour à Londres, mon regard fut aussitôt attiré par des piles de lettres et de paquets qui jonchaient la table du hall dans un grand désordre. Comme tous étaient adressés à ma mère, je m'en étonnai par une phrase assez innocente lancée à la cantonade. Soudain surgit de la cuisine une de mes sœurs aînées. « Tu n'es donc pas au courant ? » me demanda-t-elle, mâchonnant une tartine de pain grillé copieusement beurrée.

Ainsi appris-je ce jour-là que ma mère était partie.

La nouvelle me désola. Non parce que ma mère avait quitté mon père, mais à cause des nombreux mensonges. Tout au long des vacances d'été, on m'avait fait croire que les articles vulgaires n'étaient que des tissus d'inepties. Bons à jeter au panier. Et c'était ce que j'avais déclaré autour de moi, expliquant qu'ils se fondaient sur les délires d'une demi-folle. « Une nommée Vivien Merchant », précisais.

Tant d'assurance donnait à penser que j'étais ou désespérément naïve, ou légèrement demeurée. L'ennui est que bien souvent, on sous-entendait les deux. Considérée comme la non-académique de la famille, seule à n'avoir pas fréquenté le lycée de filles St Paul's – l'équivalent londonien des lycées Louis-le-Grand ou Henri-IV –, je faisais l'objet d'un certain dédain. En particulier dans mon besoin de converser, de charmer et de me montrer toujours positive, dans les efforts que je déployais pour que tout le monde se sente bien, au lieu de sourire avec hauteur ou de ricaner des insuffisances d'autrui. Comme on peut l'imaginer, j'avais prouvé mon brio en faisant du porte-à-porte en vue de la réélection de mon père aux Communes. Si l'on m'avait récompensée en me décernant une étoile en papier doré pour chaque électeur convaincu, j'aurais étincelé comme un sapin de Noël. Mais la perfidie de mes parents m'emplissait d'un sentiment d'humiliation. L'un comme l'autre m'avaient trompée. Tel un coup de poignard, leur trahison m'était entrée dans la chair.

Quelques heures plus tard, ma mère apparut. Après un entretien avec mon père derrière une porte fermée, elle finit par m'appeler. Notre réunion à trois eut lieu dans le boudoir qui prolongeait sa chambre où, peints en blanc et en rose pâle, les murs ressemblaient au glaçage d'un gâteau. Nous y restâmes debout, fort mal à l'aise. J'étais frappée par leur haute taille et le contraste entre leurs chevelures : ses boucles blondes à elle, dénouées sur ses épaules, et ses lourdes mèches plaquées en arrière. Ce fut ma mère qui parla la première : l'affirmation très prévisible que la nouvelle situation ne changeait rien à leur amour pour moi. Et que les vacances à venir seraient arrangées à cette aune. Je gardai les yeux secs jusqu'à ce que mon père déclare : « J'espère que tu t'entendras bien avec Mr Pinter » – et le ton de sa voix était amer. Compréhensible, c'est sûr, mais cette rancœur lui ressemblait si peu ! Du coup, la civilité forcée se liquéfia, et moi aussi. « Oh, Hugh ! protesta ma mère. Elle prenait tout si bien avant que tu n'aies dit ça… »

Après le départ de mon père, je lui reprochai ses mensonges. Ses yeux bleus brillants s'agrandirent de surprise : pas le genre de sa Tasha (mon diminutif en famille) de se répandre en doléances. Ses excuses ne firent que m'irriter. Bien loin de me rendre la paix, elles me semblèrent pareilles à des mouchoirs en papier, bons à jeter après usage. Car le mal était fait. En ressortant, mes yeux se posèrent sur l'ange en bois au-dessus de son lit. Une page venait de se tourner, et l'effigie dorée appartenait à un autre chapitre.

Puis vint un certain détachement, et je sentis même un demi-sourire sur mon visage. Cette affaire, c'était leur problème, non le mien : j'en eus clairement conscience. Entre eux deux, une nouvelle relation se forgerait. Et cette idée me plaisait. Un recâblage avait commencé de s'opérer. Pensée implacable, mais mon rôle dans la famille était sur le point de changer pour le meilleur.

Plus tard, la sœur aînée citée plus haut me retint dans l'escalier. « Il faut, m'intima-t-elle, que tu dises à maman qu'elle ne doit pas faire ça. » Mais tenter de m'avoir à ses côtés était une erreur. À mes yeux, ce qui se passait était le début d'autre chose, un début hardi et fulgurant. Aussitôt accusée de n'être qu'un « petit monstre », le blâme, selon l'expression consacrée, glissa sur moi comme l'eau sur les plumes d'un canard. La nouvelle situation la privait de son pouvoir, la dépouillait de son influence. Et ce qui était vrai alors le reste à ce jour. J'avais aspiré à son approbation, mais c'était fini désormais : elle était détrônée et son opinion me devenait indifférente. Pffft ! Une bouffée de fumée exhalée, et une sensation de vertige. Me dresser contre la détermination de notre mère me semblait ridicule ou, pour user d'un mot à la mode dans les années soixante-dix, pathétique.

Au fond de moi, j'étais soulagée. Le souvenir d'un voyage pénible en voiture me marquait. Nous roulions vers ma nouvelle école : St Mary's Ascot, un couvent-pensionnat dans le Berkshire. D'ordinaire, de tels voyages s'achèvent dans les larmes. L'enfant regrette amèrement le foyer familial quitté et s'angoisse à la perspective de l'inconnu. Mais moi, je brûlais d'envie de sauter de la Jaguar vert forêt de mon père, d'être débarrassée de mes deux géniteurs et de recommencer ma vie à neuf. Dans une action propulsée par jet.

Tous les deux faisaient un effort – ma mère se hérissait moins que d'habitude des commentaires de mon père –, mais l'aridité de la conversation était frappée du sceau de la tristesse. Même avec six enfants, après dix-neuf ans de mariage, leur couple était condamné. Bien entendu, ils avaient connu des années de bonheur, mais je ne me les rappelais pas. Le sentiment qui dominait était de lassitude et de morosité. Comme si, interminablement, ils avaient nagé en rond dans le même étang au fond jonché de gravats. Une fois, encore petite, j'avais demandé à ma mère pourquoi ils ne s'embrassaient jamais. Je ne sais plus si elle m'a répondu.

Quelques jours après l'annonce, un déjeuner eut lieu dans le nid d'amour de ma mère et de Harold. Les invités, à part moi, étaient mes deux frères plus jeunes, Damian et Orlando, et Jean Leyland, notre nounou surdiplômée, qui devait plus tard travailler pour la maison d'édition de ma mère. À notre arrivée, celle-ci nous offrit à tous un petit livre broché. Un geste attentionné, mais le choix du roman m'irrita : *Dancing Shoes* [*Chaussons de danse*], de Noel Streatfeild, que j'avais déjà lu à neuf ans. Je m'apprêtais à le lui rappeler, mais me ravisai à temps. À quoi bon gâcher ce moment ?

Ce jour-là, ma séduisante mère était particulièrement en beauté. Une veste en daim bleu soulignait l'azur de ses yeux, un chemisier crème la suave nuance de son teint. Et tout son être semblait épanoui de bonheur. Mais alors que mes frères portaient une tenue de vacances décontractée, la mienne manifestait un état d'esprit très différent et reflétait un impérieux besoin d'ordre : mon kilt en tartan du clan Fraser, assorti au pull shetland rouge tomate que je portais par-dessus un chemisier à fleurs. Dans le jardin, tout en prodiguant les apartés finauds et rieurs qui la caractérisaient, ma mère prit une série de photos. Ma frange et ma queue-de-cheval seyaient à mon long visage de petite demoiselle édouardienne, mais on distingue sur mes traits une ombre de méfiance.

Le patio, avec ses meubles de jardin envahissants et ses feuillages trop sombres évoquant la jungle, me déplut, mais je fus conquise par le reste de la maison. Gracieuse dans sa petitesse, elle me rappela celles d'amis américains fortunés. Située au cœur de Kensington – l'adresse exacte était 33, Launceston Place –, sa propriétaire était l'épouse de Peter Finch, le célèbre acteur.

Au dernier étage, ma mère ouvrit la porte d'une chambre à plafond bas, avec deux lits jumeaux. « C'est ici que vous dormirez », nous dit-elle à Damian et à moi, cependant qu'Orlando, qui fréquentait un externat, aurait droit à une chambre pareille à la cabine d'un capitaine de navire. Elle avait des lambris vernis et une courtepointe à motif naval tendue sur un lit-bateau.

Bien que Harold ne se montrât guère, il semblait que sa présence eût partout laissé sa trace. Je remarquai son beau blouson en cuir, ses genouillères de cricket et les prix littéraires encadrés, portant son nom, appuyés contre le mur. Certains détails m'intriguaient et, plus tard, je mis Jean Leyland sur le gril : avant l'internet et Google, il n'y avait pas de source plus rapide pour en apprendre un peu plus sur la carrière de Harold. Tandis qu'elle s'enthousiasmait de son importance dans le monde du théâtre – sa toute nouvelle pièce, *No Man's Land*, était interprétée par John Gielgud et Ralph Richardson, que j'avais admirés au cinéma –, tout commença de m'entrer dans la tête. « Il est directeur associé du nouveau National Theatre », me révéla-t-elle. Son œuvre avait de surcroît fait l'objet d'analyses et d'articles à n'en plus finir, mais ce n'était pas ce qui m'intéressait.

Ce fut la mention de *The Servant* et du *Messager*, deux films que j'avais vus en Écosse, qui captura mon attention. « C'est Harold Pinter l'auteur des scénarios », m'expliqua Jean. Et en ce moment, il travaillait à celui du *Dernier Nabab*. Adaptée du roman inachevé de F. Scott Fitzgerald, il s'agissait d'une production hollywoodienne très attendue, dont la vedette ne serait rien de moins que Robert De Niro. *Robert De Niro !* Harold Pinter, c'était donc le show-business. Oui, le show-business, une expression qui avait éveillé une magie tout au long de mon enfance.

Et puis, Harold était juif. De bonne heure, j'avais établi avec les grandes personnes juives un lien tout particulier. Tout avait commencé avec Carole et Neville Conrad, les parents de ma plus brillante condisciple, Henrietta. Les Conrad, chaleureux et attentionnés, faisaient preuve d'une magnifique qualité d'écoute. En précurseurs des « parents hélicoptères », on les accusait parfois d'étouffer leur fille de leur affection. « Étouffer de son affection » : à cette époque, une des expressions de dénigrement les plus usitées de la part de certains parents. Mais dans mes jeunes années, rien ne me semblait plus beau.

LES BIENFAITS DU CHANGEMENT

Mon pensionnat fut une douche froide. D'avance, je m'étais arc-boutée soit pour être ostracisée, soit pour devoir expliquer par le menu le drame survenu dans ma famille. Mais aucune de mes camarades ne fit la moindre remarque. Par la suite, j'ai appris que les parents avaient recommandé à leurs filles de s'abstenir de commentaire. Mais soudain, je me sentis prise dans un conflit intérieur, en raison de mon désir de rester loyale à mon père. C'était lui l'abandonné.

Je me défoulais de tout mon ressentiment dans ma lettre hebdomadaire. Écrite pour mes deux parents, je ne l'adressais qu'à mon père, griffonnant « Prière de faire suivre » sur l'enveloppe, mais doutant qu'il le ferait. Cette façon de procéder cessa le jour où Mère Bridget, la directrice, me saisit par le coude pour me faire entrer dans son bureau. « Il faut que tu écrives *deux* lettres », me dit-elle, levant deux doigts rendus noueux par les engelures.

J'étais debout dans ce bureau, simple petite pièce en désordre en dépit de toute l'autorité qui en émanait. Un peu comme si je me trouvais dans une caverne, face à un oiseau de proie de taille réduite mais tout-puissant. Ses yeux sombres et enfoncés dans son visage au teint brouillé par-dessus son nez en bec d'aigle me pénétraient de leur regard perçant, chargé du sens du perfectionnement de soi que dégageait toute sa personne.

« Natasha, mon petit... », poursuivit-elle d'une voix empreinte d'une certaine lassitude. Latiniste érudite et femme du monde, elle n'était pas du genre affectueux et tactile. Un instant plus tard, « Budge » – car tel était son surnom – attaqua le sujet qu'elle avait dans son viseur : la récente séparation de mes parents. « Si perturbantes qu'elles soient, ce sont des choses qui arrivent, me dit-elle. Mais la façon dont *toi,* tu réagiras te marquera pour la vie. » Puis Budge me rappela que mes plus charmantes qualités étaient ma curiosité pour tout, ma joie de vivre et mon optimisme constant. « Les changements ne sont pas forcément dommageables, m'affirma-t-elle. Ils comportent des bienfaits, comme de conduire à de nouveaux départs. Et si tu optes pour la bonne attitude, tu en seras récompensée. »

Dans son obituaire de Mère Bridget pour *The Independent,* la journaliste Katie Clarke a décrit son règne comme « formidable et idiosyncratique », sans cacher qu'il avait suscité des sentiments contrastés. À vrai dire, notre directrice était une snob indécrottable, qui se délectait de compter au nombre de ses pensionnaires les filles de la princesse Grace de Monaco, du président

Marcos des Philippines et du roi Juan Carlos d'Espagne. Et c'est vrai, je recevais un traitement de faveur, car ma mère était une des anciennes élèves les plus mythiques de St Mary's. Néanmoins, un certain humour épiçait l'ambition mondaine de Mère Bridget. Ceci explique pourquoi le maxime selon laquelle « les filles catholiques vont au paradis » se transformait en : « Les filles de St Mary's vont partout. »

Je lui garde ma gratitude d'avoir bien accepté Harold. Pour catholique dévote qu'elle fût, Mère Bridget a donné sa bénédiction à l'amour illégitime qui l'unissait à ma mère. Et elle a été la première adulte à le faire. Beaucoup d'autres semblaient gênés et craignaient de citer son nom. Mes grands-parents eux-mêmes, au moins dans un premier temps, n'ont plus voulu parler à ma mère. Mais Budge a su ouvrir la voie. En ce qui concernait Harold, il n'y avait pas place pour la honte du catholique, ce qui me rassura grandement. Le « changement » que je vivais associait l'amour pour mon père à l'ouverture de mon cœur à un dramaturage juif.

À l'égard de la religion de Harold, Mère Bridget donna la mesure de son sens aigu des réalités. Doué, disait-elle, d'« un talent hors du commun », on devait voir en lui « un homme puissant » dans l'univers du théâtre. Sous-entendu : si ma mère était une étoile au firmament des lettres britanniques, Harold ne l'était pas moins. Jamais, soit dit en passant, je n'ai humé à son sujet le moindre relent d'antisémitisme, surtout pas dans la haute société du Royaume-Uni. Au surplus, Mère Bridget avait pleinement conscience de la réputation philosémite de mon père, gagné à la cause sioniste et ami de figures majeures de la communauté israélite, tel sir Israel Sieff qui avait lancé la chaîne de magasins Marks & Spencer. En tant que président des Amis conservateurs d'Israël, il était souvent mentionné dans *The Jewish Chronicle*. Pour étrange que cela puisse paraître, les parents de Harold eux-mêmes savaient tout de mon cher père, car dans beaucoup de foyers juifs, ce fervent catholique était considéré comme un héros.

CHAPITRE TROIS

Un homme d'habitudes

C'était encore l'époque des bains, mais Harold ne prenait que des douches. Il évitait le rituel du bain qui pouvait prendre des heures. Ma mère versait dans sa baignoire un peu d'huile de bain Floris avant de se laisser glisser en arrière pour se détendre, cependant que mon père se montrait plus spartiate : rapide, énergique, efficace. Certes, des histoires horribles couraient sur des gens entrés dans leur bain sans tâter la température et qui s'étaient ébouillantés. Et de nos jours, l'idée de macérer dans l'eau sous des pellicules de peau morte et de laisser sur l'émail un contour grisâtre peut sembler tristement comique. Mais dans le Royaume-Uni des années soixante-dix, les bains étaient encore la norme, comme l'illustre le retour de ma mère dans notre maison familiale de Campden Hill Square, accompagnée de Harold. Quand celui-ci insista pour qu'une douche fût installée, il se fit aussitôt traiter d'extravagant américanisé et sa requête fut jugée d'une haute excentricité. En termes plus prosaïques, on risquait de déglinguer l'auguste tuyauterie victorienne.

Attendu que Harold prenait plusieurs douches par jour, mon jeune frère Damian en conclut qu'il était la personne la plus propre du monde. « Il grimpe l'escalier quatre à quatre pour sauter tout de suite sous la douche ! » s'étonnait-il d'une voix d'écolier. En matière d'hygiène corporelle, Harold n'avait pourtant rien d'un maniaque, mais, sur ce point aussi, il était en avance sur son temps.

Il préférait également les peignoirs en tissu éponge aux robes de chambre en laine ou en soie. Une chaîne en argent lui pendait autour du cou, qu'il retirait rarement et à laquelle était accroché un médaillon des années trente, gravé d'un homme en casquette de cricket qui tenait une batte à la main. Comme pour souligner leur différence de personnalité, mon père portait aussi une chaîne en argent au cou, mais à la sienne était suspendu un crucifix creux censé contenir un fragment de la vraie croix. Il était un homme pieux et ardemment catholique. Harold, pour sa part, professait la religion du cricket.

Le matin, il s'éveillait en toussant. Pas de manière alarmante, mais assez pour rappeler qu'à l'époque il était fumeur. Sa marque de cigarettes était les Sobranie Black Russian, dont une cartouche était toujours posée dans le salon, sur la table du téléphone. Cette cartouche s'ornait d'un blason doré et légèrement en relief figurant l'aigle impérial russe. Les cigarettes, noires aussi, se paraient délicatement du même aigle des tsars de Russie, et leur filtre était recouvert de papier doré.

Pour ouvrir une cartouche neuve, Harold déchirait l'emballage mordoré, le jetait à la corbeille, puis prenait une cigarette dont il tapotait le bout contre le carton. Ensuite, il l'allumait avec un briquet en onyx. Ovale et vert céladon, c'était un objet assez lourd, mais qui épousait bien la forme de la main. Harold n'aimait pas tâtonner.

Un de mes petits amis m'a déclaré hautement que les Sobranie Black Russian étaient des « cigarettes de poseur ». Aucun doute : elles l'étaient. Mais puisqu'elles semblaient faites tout exprès pour Harold et qu'il ne prenait pas la pose, chacun s'en accommodait. De surcroît, jusqu'à ce qu'il y renonce au début des années quatre-vingt, chacune de ces cigarettes – « de poseur » tant qu'on voudra – lui procurait un plaisir sans mélange. Une des images qui me restent, imprimée dans ma rétine, me le montre discutant entre deux bouffées de tabac, vêtu d'un de ses emblématiques cols roulés noirs et d'un pantalon noir aussi. Comme Harold parlait beaucoup avec les mains, il semblait que l'éclat doré de sa cigarette voltigeait autour de lui, seule touche de clarté dans l'image plutôt sombre – bien qu'extrêmement animée – qu'il donnait de sa personne. Quand j'ai découvert *Le Chat de la Méditerranée* de Balthus, il m'a rappelé l'enjouement naturel de Harold et sa gestuelle éloquente. Sans oublier son petit côté matou.

Dans sa garde-robe, c'était le noir qui dominait. On était à cent lieues des boutiques de Jermyn Street et de la conception traditionnelle de l'élégance. Il était plus à son avantage quand il portait un de ses cols roulés ou une chemise à col ouvert sous un veston qu'il n'assortissait pas avec son pantalon. D'instinct, Harold connaissait la façon de paraître stylé en arborant un manteau en peau de mouton gris taupe ou un blouson en cuir marron nuance aubergine, ou encore un trench-coat noir qui, selon la formule d'un journaliste britannique, « avait vu des jours meilleurs ».

Cette description avait irrité Harold. « C'est du Saint Laurent, nom de Dieu ! » s'était-il écrié en reposant le journal. Comme sa veste saharienne noire. À bien des égards, son goût vestimentaire était « continental », comme on disait en ce temps-là, et lui donnait un peu l'allure d'Albert Camus et d'autres écrivains français. Ces hommes s'étaient créé un univers littéraire en accord avec leur pays et leur classe était aussi nationale que naturelle. Camus et ses gabardines, Roland Barthes et ses vestes en tweed s'apparentaient à la terre de leurs ancêtres et leurs tenues en prolongeaient le charme. Samuel Beckett, l'ami de Harold et son mentor dans sa jeunesse, dégageait tout autre chose. Chez le dramaturge irlandais, tout disait l'ascétisme du sage. Comme si son noble profil et son beau visage d'eau-forte étaient hérités de la Rome antique.

Harold pouvait se laisser perturber, comme il l'a parfois montré en promenant le chien de la famille, un épagneul doré appelé Figaro. Ma mère et lui, côte à côte dans Victoria Road, se dirigeaient vers les jardins de Kensington, mais Figaro Shrublands-Smith (son nom sur son pedigree) avait une autre idée en tête. Irrésistiblement joli avec ses yeux d'un brun liquide, son pelage toujours brillant et sa démarche feutrée sur ses coussinets, c'était un animal assez névrotique, sans compter qu'il était assez sot. Seul mon vrai père savait s'y prendre pour avoir raison de ses caprices. Quoi qu'il en fût, dans mon adolescence, la vision de Harold se démenant pour retenir Figaro qui tirait de toutes ses forces sur sa laisse avait le don de beaucoup m'égayer. C'était comme une image de dessin animé : une blonde en manteau de fourrure et son chéri en blouson de cuir noir, presque traînés sur le trottoir par un épagneul lunatique. Après les avoir épiés de l'autre côté de la rue, je surgissais près d'eux pour les surprendre, puis m'empressais de déguerpir en inventant un rendez-vous. Pas question pour moi d'accepter sans protester les foucades de Figaro.

Et pas question non plus pour Damian, mon frère, d'accepter sans protester l'habitude de Harold de sortir avec ce qu'il appelait son « sac à main ». C'était une sacoche qu'il portait en bandoulière, d'aspect tout à fait masculin, à vrai dire, mais Damian s'en offusquait. « Harold se promène avec un sac à main ! » disait-il d'un ton choqué accentué par la solennité de son débit et l'écarquillement soudain de ses yeux bleu vif entre ses longs cils. Damian, reconnaissons-le, avait raison sur un point : les « sacs à main » portés par les messieurs étaient associés dans les esprits britanniques à Dick Emery et autres imitateurs comiques de la télévision. Nous étions accoutumés à voir mon père et ses amis partir avec une mallette, parfois un fusil de chasse, mais pas un sac en bandoulière. Le style décontracté de Harold nous prenait au dépourvu.

Faisant l'élégante, je me moquais de l'étroitesse d'esprit de mon cadet, car je prenais toujours plaisir à le vexer. Je tentais aussi de le raisonner : ce « sac à main » était un accessoire bien pratique, car Harold transportait beaucoup plus de choses que notre père. Il y avait son paquet de Sobranie, son gros portefeuille en cuir noir, son porte-papiers aux coins en métal doré rempli de fiches sur lesquelles il notait les idées qui lui venaient, et sa collection de stylos à bille verts Pentel.

Les stylos verts Pentel : un élément clef du processus créatif de Harold, qui n'aurait jamais écrit avec aucun autre. Au fil des ans, la forme de leur coque plastifiée couleur absinthe avait changé et s'était affinée, mais la qualité de l'encre qu'ils contenaient avait toujours convenu à merveille à son écriture rapide et aussitôt reconnaissable. Toujours lisibles, ni trop grandes ni trop petites, les lettres qu'il traçait étaient rarement attachées les unes aux autres et il y avait en général un grand espace entre les mots. Comme cette écriture était très caractéristique, on la voyait souvent reproduite sur les affiches et les programmes des théâtres. Et ces stylos Pentel étaient inséparables de son habitude de rédiger ses textes sur de grandes feuilles de bloc-notes couleur paille pour documents juridiques.

Tout le théâtre de Harold a d'abord été écrit à la main. Ses blocs-notes ont été retrouvés à New York, frappants pour l'œil en raison de la largeur insolite des marges, de la couleur bleue, alors inhabituelle, du texte et des didascalies et de la grandeur des feuillets. On savait que tel était son *modus operandi*, et sur le moment je n'en ai rien pensé. Reçus en masse et conservés dans son bureau, ces blocs-notes recelaient comme une présence ensoleillée, nichée dans le placard où on les avait rangés. La taille de chaque page semblait faite pour faciliter la clarté de la pensée. Il y en a encore un sur sa table de travail, avec plusieurs stylos Pentel.

Dans le quotidien de Harold, les restaurants étaient d'une importance capitale. Y aller deux fois par jour n'avait rien d'exceptionnel et chacune de ces expériences s'avérait source de délices. Sitôt attablé, il dépliait sa serviette d'un mouvement vif du poignet, puis, ôtant ses lunettes, consultait la carte des vins. Cette première commande passée, c'était soudain une ambiance de douceur qui s'installait. Tout sourires, il prenait tendrement la main de ma mère comme pour mieux partager son plaisir. Ensuite, il se penchait pour étudier le menu, non sans froncer les sourcils, car l'affairc était sérieuse.

Il était alors coutumier qu'on place un petit pain rond à côté de chaque couvert. Après l'avoir rompu, mes deux frères plus jeunes et moi bataillions pour nous approprier les petits rectangles de beurre flottant dans un bol parmi des glaçons. Ma mère, pour sa part, ne touchait jamais à son pain : elle considérait les aliments glucidiques comme une transgression calorique. Harold, de son côté, rompait son petit pain en deux, grignotait un peu de croûte, puis abandonnait le reste sur son assiette. Tartiner de beurre, non, pas son genre.

Chaque fois que nous mangions dans un restaurant italien, la sauce tomate de mes pâtes éclaboussait de taches la nappe blanche amidonnée, tel un tableau de Pollock autour de mon assiette. Autour de celle de Harold, elle restait immaculée. À présent, je me demande si ses manières parfaites à table ne lui venaient pas de ses origines d'enfant unique issu d'un milieu modeste. Manger proprement et consciencieusement semblait de sa part un signe de respect de soi.

Dans ma famille, c'était différent. Les repas se passaient dans un aimable tumulte, avec beaucoup de bruit et de rires, et on engloutissait la nourriture avec voracité. Enfournée, avalée et rarement bien mâchée. Seul mon plus jeune frère Orlando avait coutume de prendre tout son temps pour mastiquer. Cette pratique solitaire mais sage, nous la regardions avec étonnement : il nous faisait l'effet d'un hibou aux cheveux blonds parmi une troupe de corbeaux. Notre père le comparait volontiers à William Gladstone, un de nos grands Premiers Ministres au XIXe siècle, dont on disait qu'il ne déglutissait jamais avant d'avoir mâché chaque bouchée trente-deux fois.

Quant à la nourriture, Harold était strict. Il n'aimait pas les préparations grasses ou crémeuses et ne consommait les légumes que grillés ou à la vapeur. Une des rares exceptions : le restaurant Rowley's, dans Jermyn Street, renommé pour son filet de bœuf servi avec d'excellentes frites. Tandis que nous les piquions avidement de nos fourchettes et les prenions souvent avec les doigts, Harold, minutieux, construisait une petite pile de frites bien nette. Puis, il les dégustait en gardant toujours les mains bien propres, sans jamais se tacher de graisse, de sorte que ses manchettes restaient du blanc le plus candide. Quant aux desserts, il encourageait les autres à en commander, mais ne se les permettait pas.

Quand on apportait l'addition, il s'en emparait tout de suite. Les cartes de crédit n'existaient pas encore et une liasse de billets craquants surgissait dans sa main. Ses pourboires ? Généreux : il avait été serveur.

Je me délectais des histoires de la vie de Harold avant qu'il connaisse le succès. Une fois, au temps où il servait dans un restaurant, il s'était arrêté près d'une table où deux hommes discutaient âprement de Louis MacNeice, un de ses poètes préférés. Sans hésiter, il s'était assis avec eux pour leur exposer son point de vue, et cette audace l'avait fait mettre à la porte. Un peu plus tard, acteur sans emploi, il s'était fait engager comme commentateur radio sur un champ de courses. « Ils sont partis ! s'écria-t-il dans le micro. Tudor Line prend la tête, suivi d'Onfray, suivi de… Il s'appelle comment, déjà, ce canasson ? »

La plupart des taxis de Londres partaient à l'époque de Hackney, le quartier de naissance de Harold. Une fois, ce fut un de ses anciens camarades d'école qui nous reconduisit chez nous après nos agapes. « Tout baigne pour toi, Harold ? » Ils avaient fréquenté ensemble le lycée classique de Hackney. « Oui. Et toi, comment ça va ? demanda chaleureusement Harold. – Ça roule, comme tu vois », répondit cet homme plutôt massif et baraqué. Ma mère surprit mon regard et, souriante, me cligna de l'œil.

MR CHOW'S

Mr Chow, restaurant chinois dans Knightsbridge, faisait partie des rendez-vous les plus « branchés » des années soixante-dix. La clientèle, des hommes et des femmes qui faisaient les gros titres des rubriques de potins et apparaissaient en photo dans *Vogue* ou *Harpers & Queen,* semblait illustrer le précepte : « Restez jeunes et beaux si vous voulez qu'on vous aime. »

Ce qui me frappait en entrant, c'était le nuage de fumée de cigarette qui flottait dans l'air, la vision floue des beaux visages sophistiqués et quelques sourcils qui se haussaient par-dessus des yeux tournés vers nous. En raison d'un problème de réservation, le maître d'hôtel nous fit attendre sur le pas de la porte.

Ce soir-là, James Goldsmith, le financier-playboy le plus en vue du moment, se leva soudain de son siège et marcha prestement jusqu'à nous. « Antonia ! » s'écria-t-il, ouvrant tout grands ses longs bras. De très haute taille, armé d'un sourire dévastateur, son charisme était célèbre. Avec son aisance mondaine, ma mère nous présenta, Harold, mes deux frères et moi. De toute évidence, « Jimmy » et elle partageaient ce brio des plus enviables, fortifié par des décennies scintillantes où ils n'avaient cessé de se rencontrer à l'occasion de réceptions. De tous deux se dégageait cette légèreté si caractéristique de l'élite sociale d'alors.

De son côté, toutefois, Harold s'agaçait, car il n'aimait pas attendre. En conséquence, ma mère résolut le problème en faisant du charme au maître d'hôtel. Quand bien même les murs de ce restaurant à la mode se seraient soudain écroulés, équipée de son doux sourire, elle n'aurait jamais renoncé. Pas de discussion : nous avions une table réservée et dînerions ce soir Chez Mr Chow. Mais jamais elle n'eût recouru à la protestation criarde. Et elle avait raison, car on nous conduisit à une table des mieux placées.

Dans ces premières années, ma mère excellait dans l'art de dissiper les anxiétés de Harold et ses mouvements d'humeur. Comme ses livres (toujours palpitants) le montrent avec évidence, elle était douée d'une vive intelligence des émotions humaines, d'un humour toujours prêt à lui venir en aide et d'un sens de l'analyse d'une extrême efficacité. Sa devise personnelle ? « Ce qu'on ne peut soigner, il faut bien l'endurer. » Le stoïcisme avait été une valeur clef de son enfance protestante, et l'apitoiement sur soi-même un grave péché, justifiant une profonde réprobation. Harold, pour sa part, suivait un autre précepte : « Mieux vaut le dire que le taire. » Mais ses ressentiments s'exprimaient dans son théâtre, jamais dans sa vie privée. Ce qui rendait la nôtre beaucoup plus agréable et plus gaie.

La confiance apaisante de ma mère reste une caractéristique, selon moi, des femmes britanniques. Un talent qui échappe souvent au « sexe fort ». Ce n'est pas que Harold se fût jamais montré mesquin non plus. Mais après avoir vécu trente ans et plus à Londres, Los Angeles, New York et maintenant Paris, je me sens assez d'expérience pour pouvoir l'affirmer : c'est chez les femmes de Grande-Bretagne qu'on trouve la plus grande force intérieure alliée à une détermination de fer. D'où cela leur vient-il ? Ou d'avoir été trop longtemps traitées comme des pis-aller, ou du désir de montrer que, loin d'être des pis-aller, elles défient tous les préjugés et font oublier l'idée même de les comparer. Ces *superwomen* hautement capables, bien que rarement reconnues comme telles, savent d'instinct l'art et la manière de dédramatiser les pires situations.

Naturellement, je suis retournée Chez Mr Chow. Il y avait chaque fois un rien de cafouillage, mais jamais comme ce premier soir qui me fit presque l'effet d'un rêve. Tandis que Harold et ma mère bavardaient entre eux, je regardais autour de moi et observais les toques en pillbox, les bouches à grandes balafres de rouge et, sur une femme, une bretelle de robe en satin vert émeraude qui avait glissé sur la nudité du bras. Puis je cherchais des yeux la star du rock Bryan Ferry et sa compagne d'alors, le mannequin Jerry Hall, qui symbolisaient l'époque et mon idée de la « grande vie ».

Sur la pochette du dernier album de Bryan – *Another Time, Another Place* –, je crois que tout était dit. Debout avec une cigarette devant une piscine d'eau turquoise, le chanteur à l'épaisse chevelure aile-de-corbeau portait une élégante veste de smoking blanche par-dessus un pantalon et un nœud papillon noirs. Cette image résumait la nonchalante et laconique maxime « Restez jeunes et beaux… ».

Plus tard, grâce à mon réseau familial, je fis la connaissance de Bryan et de Jerry dans notre maison de Campden Hill Square, où nous donnions un cocktail. Le couple mythique semblait gravé dans le marbre, comme descendu de l'Olympe. Enchantée de les découvrir parmi les invités, je n'ai cessé de gazouiller comme un oiseau. Ils n'auraient pu se montrer plus sympathiques. Hélas ! J'ai gâché toute la grâce de mes manières en laissant un flâneur m'emmener à *Annabel's*, une boîte de nuit très fermée. À mon retour, je trouvai mon père à deux doigts de l'apoplexie. Au grand dam de nos invités, il avait refusé que l'on continue à servir du whisky, au motif que sa fille de treize ans avait été kidnappée ! Seuls ma mère et Harold, qui habitaient encore Launceston Place, trouvèrent amusante ma petite escapade de jouvencelle du *Bal des douze princesses*.

CHAPITRE QUATRE

La configuration du terrain

Après qu'elle eut quitté mon père, j'ai accompagné ma mère à un cocktail à Albany, ancien hôtel particulier d'époque géorgienne près de la Royal Academy, dans Piccadilly. Divisé en élégants et spacieux appartements au début du XIXe siècle, plusieurs de ses amis l'habitaient. En me précédant le long des calmes couloirs, elle me murmura à l'oreille, comme pour évoquer en moi les strates historiques du lieu, que lord Byron avait vécu ici.

Puisque notre hôtesse était Evangeline Bruce, ambassadrice américaine devenue une figure du beau monde depuis la présidence de John F. Kennedy, la réception réunissait des personnes hautement distinguées de Londres, Washington et Paris.

La grande allure d'Evangeline éblouissait : on aurait cru un portrait de Gainsborough. De haute taille, très élancée, elle osait faire de la toison grise qui couronnait son long visage un trait personnel de son chic. Je remarquai la cadence de sa voix, mais aussi la précision de ses mouvements vifs d'araignée : elle trouvait moyen de faire les présentations sans cesser de contribuer aux conversations alentour. Apparemment, Evangeline parlait couramment le français, l'allemand et le mandarin. Et pourquoi pas le farsi ? Elle tenait coûte que coûte à être une femme extraordinaire.

Tous les présents semblaient des gens de la plus parfaite courtoisie, très intéressés les uns par les autres. Le décor ? Quelque chose de subtilement fastueux, et aussi de très étudié. Confortable, civilisé, on y voyait des piles de biographies récentes posées sur de magnifiques meubles français Louis XVI. Jusqu'au dernier, les éléments composant la scénographie avaient été choisis et disposés avec science, des grands sofas rebondis aux tentures d'un doux gris perle pendant du plafond au parquet, même si certains coussins en soie peinte à la main parurent à mes yeux naïfs et encore sans expérience d'un bleu assez criard.

Quand ma mère annonça qu'elle voulait prendre congé, je sentis un très léger frisson. La plupart des invités devaient connaître mon père, ami des Kennedy depuis la fin des années trente. C'était sûrement le cas d'un certain Alistair Forbes (mais tout le monde disait Ali) qui, tel un frelon excité, voltigeait en bourdonnant d'un groupe de causeurs à l'autre, suscitant un peu d'embarras – au point qu'une dame américaine s'écria : « Il en fait trop ! »

Petit, soigné, il portait un costume bleu nuit qui mettait en valeur sa peau bise et la blancheur de son abondante chevelure. Avec ses yeux très bleus, cet Ali était bel homme mais un peu trop conscient de l'être. Tel un coq, chacun de ses pas, qu'il voulait précis et gracieux, semblait le faire sautiller. De réputation, c'était un journaliste mondain et une mauvaise langue notoire dont les rosseries dans la presse avaient piqué au vif pas mal de gens.

Il se trouva que nous partîmes au même moment. Tout en marchant, Ali se tourna vers ma mère pour lui dire : « Antonia, souviens-toi que j'ai été la première personne sur terre à vous emmener au théâtre. » Du tac au tac, ma mère lui répondit : « C'est une lourde responsabilité, Ali. » Rendons-lui justice : il eut la bonne grâce d'éclater de rire. Et, en salonard cancanier, il est probable qu'il répéta cette histoire pendant des semaines.

L'attitude d'Ali témoignait qu'on clabaudait toujours, et même qu'on se scandalisait de la conduite de ma mère. Des années plus tard, elle devait révéler que son départ du domicile conjugal avec Harold avait affecté les ventes de ses livres. Consternant, bien entendu, mais symptomatique d'un certain puritanisme anglo-saxon qui prévalait à l'époque.

Du reste, plusieurs vieilles dames hautement respectables du cercle le plus étroit de mes parents avaient décidé d'un commun accord de tourner le dos à ma mère quand elles la rencontreraient à l'occasion de réceptions. Je le découvris en prêtant l'oreille à une conversation de mon père avec sa sœur cadette, Veronica Maclean, épouse du diplomate et écrivain sir Fitzroy Maclean. Surnommée « Tante Cuisine » par ma mère (car elle était l'autrice d'ouvrages de gastronomie), c'était une vraie mouche du coche, très appréciée dans les milieux mondains. « Pas avec mon aval », commenta papa, qui détestait les ligues contre qui que ce fût.

Je n'avais que douze ans, mais je sentis pourtant fort bien qu'il y avait là un autre enjeu que les accusations d'inconséquence. Tante Cuisine tolérait sans peine qu'un mari fût infidèle, comme les autres dames dont elle avait cité les noms. Mais il semblait qu'il y eût une autre raison sous-jacente au déchaînement de fureur contre ma mère. Elle avait eu le front de braver les interdits et de prendre sa vie en main.

Mes parents formaient évidemment un vrai couple : ils étaient Hugh et Antonia. Sur le papier, un mariage parfait, ou du moins tout donnait à le penser. Papa, le fils puîné du quatorzième baron Lovat, était un député tory à la Chambre des communes pour la circonscription de Stafford et de Stone. Compte tenu de la conduite de Boris Johnson, de Liz Truss et d'autres dirigeants du Parti conservateur, je tiens à souligner ici que mon père et ses pairs de l'époque n'avaient rien à voir avec eux. Dévoués et responsables, ils étaient animés par un sens inébranlable du devoir de service public. Leur génération avait combattu lors de la Seconde Guerre mondiale et avait l'expérience de la vie hors du Royaume-Uni. De surcroît, il y avait les causes pour lesquelles mon père luttait : Biafra, Bangladesh, Israël.

Ma mère, la fille aînée du septième comte de Longford, respectait son idéalisme. Papa, de son côté, était justement fier de la biographie de *Marie Stuart, reine de France et d'Écosse* que sa femme avait signée : le grand succès surprise de l'année 1969. Ce best-seller historique avait beaucoup contribué à restaurer leurs finances écornées. On sait qu'en ces années-là un politique gagnait médiocrement sa vie, et il fallait payer nos onéreuses écoles privées et l'entretien de deux grandes maisons. Pourtant, je me demande si le triomphe littéraire de ma mère, en particulier aux États-Unis, n'a pas été la première des fissures qui ont lézardé leur union. Il lui a donné le goût d'un monde complètement nouveau, qui n'avait que peu de rapport avec celui de son mari.

Mon père fréquentait différents cercles d'amis. Il y avait tous ceux du milieu sioniste, qui encourageaient sans conteste les ambitions féminines. Mais tous ses vieux acolytes, le plus souvent des nobles et/ou des hommes politiques, semblaient rester enfermés dans leurs traditions séculaires : la chasse, le tir ou la pêche. Ma mère appartenait-elle encore à cette société ?

On peut en blâmer l'époque ou l'appartenance à une caste, mais fort peu nombreuses étaient les épouses des amis de papa qui exerçaient un métier ou avaient suivi des études universitaires. Héritières des dames victoriennes, elles confiaient leur progéniture à la nounou de la famille, qui régentait la nursery avec une poigne de fer. En fonction de leur caractère, certains enfants le vivaient bien et d'autres non. Quant à l'usage archaïque qui voulait qu'après le dîner les dames se retirent de la salle à manger pour laisser ces messieurs siroter entre eux leur porto, fumer leurs gros cigares et échanger des histoires lestes, il était encore accepté sans barguigner. Si d'aventure une jeune femme osait ruer dans les brancards, c'était pour son digne mari un sujet de grand embarras. Même ma mère disait apprécier cette éviction des épouses : selon elle, sans les hommes elles s'amusaient et pouvaient partager certaines indiscrétions. En règle générale, leur principal souci était le contentement du mari, et sa réputation. En femmes d'intérieur averties, elles créaient et se créaient un univers des plus enviables, confortable et accueillant : leur maison, admirablement gouvernée. Si jamais certaines se sentaient frustrées – car beaucoup d'entre elles étaient plus intelligentes que leurs maris –, il n'était pas rare qu'elles se mettent à boire ou construisent autour d'elles d'impénétrables nids de vipères.

Elles avaient assez de confiance en elles pour converser avec tous, et excellaient dans l'art et la manière de collecter des fonds pour les œuvres de charité : le passe-temps féminin que tout le monde approuvait. À rebours de ce qu'on raconte sur les tables britanniques, les repas servis chez elles étaient rien moins que délicieux, et l'on pouvait définir leurs jardins comme des lieux quasi magiques tant ils explosaient de beauté.

Ma mère ne possédait ni le savoir-faire ni les moyens pour servir les plats qui faisaient sensation. Mais, hôtesse hors pair, elle s'y entendait comme personne à recevoir des invités allant de la princesse Margaret à des hommes politiques de premier rang, en passant par des écrivains admirés. Pour autant, dans sa vie conjugale, les ventes triomphales de *Marie, reine de France et d'Écosse* avaient, je le répète, ouvert une boîte de Pandore. Elles l'avaient incitée à poursuivre une carrière de femme de lettres qui, sur le plan financier, éclipsait celle de mon père. Par un curieux paradoxe, il est probable que sa vie avec Harold, bien qu'infiniment plus excitante – qu'on pense au côté « rock 'n' roll » du monde théâtral –, l'a ramenée par des voies détournées aux racines de son enfance au nord d'Oxford.

Loin de lui avoir donné une éducation classiquement nobiliaire, ses deux parents étaient des intellectuels de gauche qui s'étaient connus à Oxford en préparant leur licence. Élizabeth, ma grand-mère, était la fille aînée de Nathaniel Bishop Harman, un ancien pasteur baptiste devenu chirurgien ophtalmologue. Établi dans Harley Street, la rue des grands médecins londoniens, il avait été parmi les premiers du pays à pratiquer l'opération de la cataracte et, au cours de sa remarquable carrière, avait apporté à la chirurgie des yeux plusieurs innovations notables.

Katherine Chamberlain, sa femme, était la nièce de Joseph Chamberlain, grande figure de la gauche radicale et ancien maire de Birmingham qui avait régné sur sa ville industriellement prospère. Bien qu'ayant suivi des études pour devenir médecin au Royal Free Hospital, jadis fondé pour les pauvres de Londres, elle avait tout envoyé promener après avoir épousé Nathaniel à l'âge assez avancé de trente-trois ans. Le fait qu'elle fût docteur en médecine mais eût renoncé à toute ambition pour devenir épouse et mère devait avoir des conséquences durables sur la plus âgée de ses filles. Selon ma grand-maman, aucun homme ne devait faire de l'ombre à la carrière de sa femme. En élevant ses enfants (ma grand-mère en a eu huit, quatre garçons et quatre filles), à rebours des mœurs de son temps, il n'était pas question qu'elle privilégie jamais sa progéniture masculine. Qu'on fût d'un sexe ou de l'autre, la seule chose qui comptait vraiment était qu'on s'améliore sans relâche pour faire quelque chose de sa vie.

L'enfance de Frank Pakenham, mon grand-père, avait été très différente. Grand-papa, le fils cadet du cinquième comte de Longford – pair du royaume pour l'Irlande et héros de la Grande Guerre qui s'était fait tuer aux Dardanelles –, avait grandi dans un château irlandais du XVIIe siècle entouré d'un vaste domaine. Ses jeunes années avaient été typiques des damoiseaux de noble condition : une mère froide, une foule de domestiques, un réseau bien serré de liens aristocratiques et des études en internat. Sa vie avait connu une embellie radicale à son arrivée à Oxford, d'où il était sorti couronné d'un diplôme de première classe en philosophie, politique et économie.

Bien que mes grands-parents aient été très amoureux et se soient adorés jusque sur leur lit de mort, nombre de gens avaient désapprouvé leur mariage. Frank et Élizabeth n'appartenaient pas au même monde. En 1980, à la publication de la correspondance d'Evelyn Waugh, ma grand-mère a découvert que le fameux romancier avait jadis emmené « une certaine opposition » à son entrée dans la famille. « Ce pauvre Frank Pakenham, avait-il écrit par la suite, qui s'est marié au-dessous de sa condition, et l'Honorable Mrs P. [grand-maman Élizabeth], qui l'a fait au-dessus de la sienne... » En privé, mon chevaleresque grand-père a dû sentir ces résistances et sûrement reconnu la différence sociale entre son épouse et lui, évidente dès le moment où sa future belle-mère avait choisi pour sa fille un trousseau de noces. Avec sagesse, il avait choisi de rester au-dessus de ces bassesses, convaincu que ses snobs d'amis finiraient par succomber au charme éclatant de sa femme et qu'elle aurait tôt fait de s'adapter à eux. L'un et l'autre étaient advenus. Du fait de son large éventail d'engagements sociaux, grand-papa a été choisi par la défunte reine Élisabeth II, en 1971, pour entrer dans l'ordre des chevaliers de la Jarretière. Bien que d'un caractère complexe et non exempt de défauts (entre autres, il recherchait éhontément la publicité), on peut dire que mon grand-père a vécu selon la devise « Honi soit qui mal y pense ».

Née en 1932, ma mère était l'aînée de sa fratrie. Les photos en noir et blanc prises au temps de son enfance montrent une ravissante poupée blonde. Qu'elle soit sur les genoux des amis intellectuels de ses parents ou occupée à jouer devant eux, ce qui frappe d'abord le regard est sa masse de boucles dorées et le bleu éclatant de ses yeux. Précoce, elle marchait à onze mois et l'on a raconté qu'elle lisait à trois ans. Devinant que ce prodige était une exagération (trait caractéristique de la famille Pakenham), j'ai demandé à ma grand-mère si elle pouvait me confirmer cet âge. « Elle était vraiment tout à fait extraordinaire, oui, tout à fait extraordinaire ! » me répondit-elle, enthousiaste. Tant son mari qu'elle-même auraient-ils toléré une première-née qui n'eût pas fait preuve de prédispositions exceptionnelles ? La question reste ouverte.

Comme elle l'a raconté dans *My History*, son livre de mémoires, le père de maman était devenu professeur à Christ Church, un *college* d'Oxford, tandis que sa socialiste de mère élevait sa ribambelle d'enfants tout en s'efforçant de se lancer en politique. En dépit de deux tentatives tout à fait sérieuses, ma grand-mère a échoué à se faire élire députée travailliste – et en conséquence avait en horreur Margaret Thatcher. Plus tard, à la cinquantaine, sous le nom d'Elizabeth Longford, elle est devenue écrivaine et biographe avec un vif succès.

Sur le plan des idées, les années trente étaient une époque follement stimulante, et le couple vivait au cœur de cette effervescence. En combattants de la pensée entretenant d'innombrables relations dans la classe supérieure – des relations indispensables au Royaume-Uni et peut-être dans toute l'Europe pour se sentir assez d'assurance en société –, ils étaient aussi des amis très proches du poète John Betjeman, du biographe David Cecil et de l'homme politique socialiste Hugh Gaitskell, sans oublier « M. Figue de Barbarie », le très épineux Evelyn Waugh. Pour faire comprendre quel était leur environnement social, il suffira de mentionner que leur médecin de famille n'était autre que le docteur Raymond Greene, frère aîné de Graham Greene.

À Oxford, la vie intellectuelle bouillonnait grâce à l'afflux des réfugiés juifs qui fuyaient l'Allemagne hitlérienne, et la largeur de vues de mes deux grands-parents leur avait valu la réputation de se montrer accueillants envers ces nombreux exilés. Bien que ni l'autre ne maîtrisât les langues étrangères, ils considéraient les voyages sur le continent comme essentiels pour bien capter l'esprit du temps.

Ma grand-mère vibrait pour ses enfants d'ambitions élevées. « Et qui est arrivé le premier ? » demandait-elle si ses enfants n'occupaient pas le haut du podium. Toute forme de prérogative aristocratique l'horripilait. Intolérante à la léthargie et aux mœurs décadentes de certains jeunes gens bien nés, elle avait coutume d'affirmer à ses rejetons qu'ils appartenaient à la classe moyenne et devraient travailler pour vivre.

Elle tenait, il est vrai, à ce qu'ils reçoivent la meilleure éducation, mais au quotidien sa sollicitude de mère pour les émotions de chacun laissait souvent à désirer. Ou elle était enceinte, ou un enfant plus jeune requérait toute son attention, ou encore elle devait prendre en charge son mari qui, dénué du moindre sens pratique, ne savait même pas conduire une voiture et avait besoin de son assistance constante. Le bon côté de cette relative négligence a été l'indépendance précoce dont ont joui ma mère et Thomas, son frère de onze mois son cadet. C'étaient des « jumeaux irlandais » : nés dans la même année calendaire.

Dans le même temps, ma grand-mère livrait une bataille perdue d'avance contre mon grand-père qui, en philanthrope trop généreux, distribuait aux démunis des sommes d'argent extravagantes. Sans conteste, cette puritaine de naissance a tenté de compenser tant de prodigalité par une parcimonie confinant à la pingrerie. La guerre venue, elle a été une de ces Britanniques qui ont accueilli le rationnement alimentaire avec soulagement et bonheur. Les enfants Pakenham n'ont jamais souffert de la faim, mais les fricots dont on les nourrissait étaient aussi lourds de farine que dénués de saveur.

Plusieurs histoires sur les jeunes années de ma mère ont produit sur moi une impression durable. Quand elle avait quinze mois, mon grand-père est allé la chercher à la fin d'une fête d'enfants donnée pour Caroline Blackwood, la future romancière et aussi la future épouse du peintre Lucian Freud. En l'attendant, grand-papa remarqua « une petite personne dans sa robe à volants, aux joues toutes roses et aux boucles flottantes, qui trottait d'un bout à l'autre de la pièce ». « Quelle jolie petite fille joyeuse ! s'exclama-t-il. – Oui, et c'est votre fille », lui répondit la mère de Caroline, Maureen, marquise de Dufferin et Ava.

Une autre a trait à mon arrière-grand-mère maternelle et à son service à thé en porcelaine Wedgwood. Dans la très stricte famille Harman, la règle imposait aux enfants de faire la vaisselle à tour de rôle, et c'était celui de ma mère. Sa grand-mère aux yeux de fouine vint inspecter ses efforts, repéra une petite tache oubliée et lui fit relaver tout le service, jusqu'à la dernière tasse et à la dernière soucoupe.

J'imagine la bataille silencieuse entre elles : leur ligne Maginot avait sauté. Sans doute la fureur bouillait-elle en ma mère, obligée de répéter une tâche mesquine sous l'œil sévère de mon arrière-grand-mère, cette native de Birmingham qui, au dire de sa propre fille, avait pourtant « réprimé ce qu'il y avait d'audacieux dans son caractère », mais était sûrement contrariée par ce qu'elle devait tenir pour de l'arrogance de classe. Sans doute n'avait-elle pas manqué de remarquer qu'Antonia avait soit le nez entre les pages d'un livre, soit griffonnait quelque chose dans un cahier, et se montrait plus condescendante qu'obligeante à l'égard de ses jeunes frères et sœurs.

Quand, à l'instar de son mari, Élizabeth s'est convertie au catholicisme, elle a enfin conquis la bienveillance d'Evelyn Waugh (lui-même converti quelques années plus tôt), qui lui a écrit : « Permettez-moi me joindre aux anges et à tous les saints dans leur chœur de bienvenue. » Il concluait : « L'amour au sein de la communauté est immensément fort et dénué de toute sensiblerie. C'est un peu de cet amour que je vous envoie aujourd'hui. » En revanche, ma mère a dit adieu à son pensionnat protestant, et elle s'est inscrite au couvent-école de St Mary's Ascot. Là, une religieuse du nom de Mère Mercedes l'a beaucoup encouragée dans son attirance pour l'histoire. Oxford a suivi. Après quoi, à la surprise de ses parents socialistes, elle a tenu à faire son entrée dans le grand monde. Un choix tout à fait personnel, et ce nouveau statut de « débutante » signifiait qu'elle serait présentée à Sa Majesté avec d'autres jeunes filles de noble extraction comme elle.

Quand elle a épousé mon père en 1956, il était un célibataire de trente-huit ans, quatorze de plus qu'elle. Dans un lointain passé, les Fraser étaient originaires de France : ou bien des chevaliers normands débarqués sur la côte anglaise avec Guillaume le Conquérant, ou bien des mercenaires d'une région réputée pour ses fraises, comme le suggère notre patronyme. Sur les photos de jeunesse signées de Cecil Beaton, on voit que non seulement ses frères, ses sœurs et lui pouvaient se targuer de relations prestigieuses, mais qu'ils étaient tous les cinq d'une remarquable beauté. L'aîné, Shimi, baron Lovat, chef du clan McShimi Fraser, habitait le château familial, possédait de vastes domaines dans la partie la plus romantique des Highlands et était salué comme un héros du débarquement allié en Normandie… sauf si l'on s'appelait Evelyn Waugh.

Celui-ci prétendait qu'en 1943, au plus fort de la Seconde Guerre, oncle Shimi l'avait injustement exclu de son unité de commandos. Pour se venger, Waugh, à ce qu'on racontait, s'était inspiré de Shimi pour inventer le personnage de Trimmer, le charlatan des unités spéciales dans sa trilogie *Hommes en armes, Officiers et gentlemen* et *La Capitulation.* Cette théorie contredit celle de lady Diana Cooper, célèbre figure du grand monde et intime de l'écrivain, qui soutenait que c'était le capitaine Ivor Claire, l'officier « talon rouge » de la même trilogie de guerre, dont Shimi était le modèle.

Ce que mon père se rappelait, c'est que si Waugh s'était fait évincer des commandos, c'était avant tout pour sa sécurité : le brillant romancier se comportait aussi en brillant boit-sans-soif, prodigue en brillantes insultes braillées à ses subordonnés. Oncle Shimi craignait qu'il ne fût tué au combat, ou même qu'un de ses fusiliers ne l'abatte d'une balle dans le dos. Est-ce Trimmer ou Ivor

Claire qui est inspiré de lui ? À ce qu'en savait papa, tous les deux tenaient de son frère. Quant à Waugh, dans ses souvenirs, c'était un homme amusant mais sans cœur.

Après la guerre, alors qu'ils attendaient sur le quai d'une petite gare non loin de son domicile, une jeune mère hors d'haleine tenant deux enfants par la main était accourue vers eux. « Quel est le train pour Londres ? » leur avait-elle demandé. Calme, Waugh lui avait montré un train qui n'était pas le bon. Quand, s'en apercevant, mon père l'en avait accusé, il avait froidement blâmé la malheureuse de l'avoir importuné.

Waugh devait plus tard avoir affaire à ma grand-mère paternelle, Laura, lady Lovat. Bien à contrecœur, il avait besoin de son éclairage averti pour sa biographie de Ronald Knox, le prêtre mondain. Plus tard, il prit sa revanche en flagornant profusément ma mère dans les remerciements du livre alors que c'est à peine s'il citait Gan-Gan, ma grand-mère – ce qui ne pouvait guère apaiser les relations tendues entre les deux.

Soyons juste : Gan-Gan, veuve de bonne heure, avait aussi perdu la plus jeune de ses filles à l'âge de quatorze ans, Rose, sa préférée, et en était restée gravement dépressive. On l'avait traitée par électrochocs alors que cette technique était encore balbutiante. Attendu que mon père avait vécu sous son toit jusqu'au jour de son mariage, elle devait en vouloir à ma mère de son départ – ce qui explique qu'à son décès, on ait trouvé dans son chapeau de paille noire un papier épinglé sur lequel elle avait noté : « Le chapeau que j'ai porté le jour où ce pauvre Hugh s'est marié. »

Gan-Gan, née Laura Lister, la fille de lord Ribblesdale, avait dans sa jeunesse appartenu aux *Souls* [les « Âmes »], groupe intellectuel d'élite, mais dans ses dernières années, elle ne vivait plus que de corned-beef en boîte. Possédant un tempérament sombre, elle fuyait la lumière du soleil. Cette ancienne beauté édouardienne, élégante mais émaciée, qui n'avait plus guère de cheveux, était pourtant restée très proche du diplomate et romancier Maurice Baring, admiré de Virginia Woolf, et bien sûr de Ronald Knox. Notons qu'assez curieusement une de ses sœurs, Diana Wyndham, a été mariée au joueur de polo Boy Capel, grand amour de jeunesse de Gabrielle Chanel. En 1918, on avait célébré cette union dans la chapelle familiale des Lovat.

Comme pour illustrer la maxime selon laquelle « l'esprit oisif est l'atelier du Démon », Gan-Gan aimait broder la vérité. Admirant un portrait en buste signé Julia Margaret Cameron (1815-1879), elle se rappelait le bonheur de s'être fait photographier par sa chère amie Julia : le plaisir de changer de place cependant que cette chère Julia la fixait avec l'objectif. Pour entendre ma mère l'informer que la « chère Julia » était morte des années avant sa naissance. « Oh, mon Dieu, quelle menteuse je fais ! » avait répliqué ma grand-mère. Il était écrit qu'elles ne pourraient jamais s'entendre.

HAROLD ET LES COMÉDIENS DE *L'ESPRIT S'AMUSE*

À l'été 1976, l'*Evening Standard* publia une grande photo de Harold et de toute la troupe à l'affiche de *L'esprit s'amuse*. Harold avait mis en scène la pièce satirique de Noel Coward pour le National Theatre. En fantaisiste délicieuse, la comédienne Maria Aitken semblait née pour jouer Elvira. Cocasse autant que raffinée, il émanait de sa personne toute la légèreté requise pour servir ce grand classique de la comédie britannique.

À son habitude, ma mère découpa ce portrait de groupe et le colla dans son album de l'année 1976. Qu'on s'imagine de lourds albums reliés de maroquin, chacun dévolu à une année, conçus par son œil d'historienne et qui captaient l'air d'une époque au moyen de coupures de journaux, d'articles de magazines, de lettres et de télégrammes.

Bien qu'il ne soit qu'un portrait parmi d'autres, celui de l'*Evening Standard* saute aux yeux. Peut-être le quotidien s'inspirait-il de sir Noel, lequel n'était jamais le dernier à se faire photographier au milieu de ses acteurs. Mais l'image, l'attitude saisissante appartiennent sans conteste à Harold. Et c'était de toute évidence l'avis de la rédaction de l'*Evening Standard,* qui lui a consacré une place de premier choix en double page au milieu du journal.

Harold, qui porte des lunettes fumées, est assis sur un grand sofa recouvert de soie. En chemise saharienne Saint Laurent, il est entouré de grands noms du théâtre, tels Joan Hickson, Susan Williamson, Richard Johnson et bien entendu Maria Aitken, qui a choisi de poser en bas, sans chaussures. Confortablement adossé, il affiche un sourire content qui exprime un certain humour mâtiné de pugnacité. En homme de théâtre accompli, il savait prendre la pose, mais il est sincèrement à son aise, et cela se voit.

Jamais la magie du théâtre ne s'est estompée pour Harold, et sa passion était contagieuse. Ce monde n'a jamais cessé de le stimuler et de lui procurer des joies intenses. Intérieurement, chacune de ses composantes le touchait au plus profond de sa psyché.

Certes, il pouvait arriver, si des gens chuchotaient trop fort dans le public, que Harold se retourne et crie « Silence ! » ou « Fermez-la ! ». Selon son confrère le dramaturge Tom Stoppard, c'est même ainsi qu'ils ont lié connaissance. En outre, Harold supportait mal les portes qui grinçaient ou claquaient : rien ne devait perturber sa concentration. Le regarder absorber le déroulement d'une pièce, c'était regarder quelqu'un qui embrassait toute la scène à trois cent soixante degrés. Enfermé dans son état d'exaltation, il respirait le moindre détail, que ce soit les mots, les voix, les lumières ou l'assistance. Dès cette époque, j'acceptai que Harold fût ainsi fait. Comprenant que c'était pour lui l'amour de son métier et l'amour de la vie.

Chacune de ces sorties au théâtre me transperçait de part en part. Si elles me bouleversaient tant, c'était dans une large mesure parce que l'expérience charnelle de pièces comme *En sourdine* (Michael Frayn, 1982) ou *Un tissu de mensonges* (Hugh Whitemore, l'année suivante) ne pouvait être répétée. Plus tard, en 1988, nous avons vu le *Coriolan* de Shakespeare dans une mise en scène de Joe Papp. L'acteur Christopher Walken semblait porter le spectacle sur ses épaules. Les claquements et l'éclat de son grand manteau en cuir ajoutaient à la menace narquoise qu'il dégageait. « Oui, il a suivi une formation de danseur », me révéla Harold pendant l'entracte. Il y eut aussi des désastres. Je n'avais encore que quinze ans, mais il ne m'échappa point que le *Dracula* de 1978, avec Terence Stamp en tête de distribution, donné dans de mémorables décors en noir et blanc d'Edward Gorey, était globalement un échec retentissant. Nous n'en allâmes pas moins trouver Terry en coulisse, car il nous savait dans la salle. Harold, mal à l'aise, lui raconta des bobards. « Au sortir d'une représentation, aucun comédien n'a envie d'entendre la vérité », m'expliqua ma mère. En ce temps-là, c'était une règle d'or.

Harold nourrissait un immense respect pour ses confères dramaturges. De toute sa vie, il ne lui est arrivé qu'une fois de sortir d'un théâtre avant la fin. Mais dans une large mesure, c'étaient les acteurs ses héros. Plus tard, quand s'est répandu l'usage du mot *luvvie* [« mon petit amour »], le terme désignant les acteurs au Royaume-Uni et qui sous-entendait qu'on avait affaire à des personnages narcissiques, vaniteux et outranciers, Harold en a été furieux. Pour lui, ce mot était « sérieusement insultant pour des professionnels passionnés, imaginatifs et courageux ». Sa défense enflammée devait laisser sa marque. Et il est sûr que je n'ai plus jamais prononcé le mot *luvvie*.

L'admiration de Harold pour les acteurs était réciproque. Son talent d'auteur mis à part, ils sentaient qu'il avait souci d'eux. Et il y avait un lien tout particulier entre les actrices et lui, informulé en paroles mais fondé sur la confiance. Elles savaient que le grand homme du théâtre britannique les comprenait comme personne et, envers elles, se montrerait toujours aussi tendre qu'attentif.

CHAPITRE CINQ

L'oncle Judah et quelques autres

Une des histoires préférées de Harold concernait le frère de sa mère, Judah Moskovitz. Noir de cheveux, sombre et charismatique, il boxait sous le nom de Joe Mann, mais on n'a jamais su s'il était professionnel. Judah a vécu quelque temps dans la maison des parents de Harold, à Hackney. Puis, un jour, il a disparu. « Comme ça, du jour au lendemain », aimait à dire Harold, avec son petit geste typique du poignet droit. On était en 1941, la Seconde Guerre mondiale faisait rage et, sur la capitale, des bombes étaient larguées à une cadence terrifiante, en particulier sur l'East End. Mais Judah n'était pas mort à la suite d'un raid aérien. « Il a quitté sa chambre et voilà », concluait Harold. Sans dire au revoir, sans laisser de mot, sans explication. Sa mère et sa sœur en avaient eu le cœur brisé.

Au bout de plusieurs mois, un Harold de onze ans se promenait avec sa mère et sa grand-mère au voisinage de Clapton Pond, le parc du quartier, quand le tonton au physique de taureau leur était soudain apparu à l'arrière d'un gros camion de ramassage des ordures. « Judah, racontait Harold, attrapait des sacs-poubelle et les jetait dans la benne. Stupéfaits, nous avons tous les trois crié “JUDAH !”. Il nous a regardés et nous a adressé un V inversé [le doigt d’honneur britannique]. C’est la dernière fois que nous l’avons vu. »

Après avoir entendu son histoire à plusieurs reprises, je lui demandai si sa mère et sa grand-mère se plaignaient parfois du départ de Judah. « Tout le temps », me répondit-il. Et, théâtral, il les imita : « Où est-il passé, Judah ? Qu’est-ce qu’il est devenu, Judah ? Et pourquoi nous a-t-il fait ça ? » L’étrange conduite de son oncle n’a jamais cessé de l’amuser.

Une histoire beaucoup plus triste avait trait à Ben Moskovitz, le deuxième frère de sa mère. Anéanti par le décès de son épouse, Fay, emportée par un cancer, il avait fini par se suicider en emmenant avec lui dans la mort sa petite fille encore bébé. « Ben était désespéré », commentait Harold d’un ton raisonnable. Mais tout le monde avait été absolument horrifié qu’il eût ôté la vie à sa propre enfant en bas âge. Visiblement hanté par ce terrible souvenir, Harold racontait comment il jouait avec la petite, évoquant ses mains minuscules qu’il aimait prendre dans les siennes, son innocence et sa douceur. Son récit rappelait à tous combien il aimait les enfants.

À la Noël, quand le champagne nous avait rendus un peu gais, je me rappelle Harold dansant autour du salon, ma petite nièce dans les bras, chantant la fameuse chanson de Marlene Dietrich, « Falling in love again ». Les immenses yeux verts de la fillette, tout étonnée d’être entraînée dans un pareil tourbillon, son petit visage pâlot et ses boucles d’or bien serrées ressortant sur le col roulé noir de Harold me sont restés en mémoire. Et aussi nos éclats de rire de l'entendre entonner sa chanson.

Né le 10 octobre 1930, Harold avait reçu le prénom médiéval du dernier roi anglo-saxon. Ses parents, Jack et Frances, avaient fait le choix d'un prénom à consonance bien anglaise. Étant des immigrés de la première génération, ils tenaient à ce que leur fils fût parfaitement intégré – à ceci près que tous les parents juifs de Hackney et des alentours avaient eu la même idée, de sorte que tout l'East End fourmillait de jeunes Harold. Les Pinter avaient décidé de ne pas avoir d'autre enfant parce que leur petit Harold se montrait très exigeant. « Pas un instant de paix pendant trois ans ! » a dit un jour Jack à ma mère. Un soir qu'ils avaient tenté de sortir sans qu'il le remarque, ils avaient vu en se retournant « un petit homme haut comme trois pommes aux yeux chargés de reproche, qui guettait par la fenêtre en écartant les rideaux ».

Frances Pinter pouvait faire l'effet d'une femme assez apathique, mais ceux qui la connaissaient voyaient la réalité : sa force, sa dignité tranquilles. C'est d'elle que Harold devait avoir hérité sa vue déficiente, car, bien qu'elle fût toujours bien mise et bien coiffée, on ne la voyait jamais sans ses lunettes cerclées d'or. Et sans aucun doute, elle lui avait légué ses jambes, car celles de Frances étaient à tomber : de vraies jambes de meneuse de revue. Longues pour sa taille, elles montraient des chevilles bien fines et des mollets galbés juste ce qu'il fallait, alors que celles de son fils, plus athlétique, étaient plus sèches.

Le père de Frances, Harry Moskowitz, passait pour un beau ténébreux, de sorte qu'il est probable que Harold avait hérité ses traits sombres et méditatifs. Son père, le toujours souriant Jack Pinter, était de moindre stature, avec un visage moins théâtral. Harry était illettré mais possédait un sens aigu des affaires : il était homme à acheter des pantalons chez les fripiers à seule fin de les recycler. Sous le nom de Richard Mann, il avait monté son propre atelier de tailleur, qui comptait six employés. C'était en secondes noces qu'il avait épousé Rose Franklin, la mère de Frances.

En raison de l'attachement de Rose pour ses trois sœurs, leurs cinq enfants étaient conviés à de grandes réunions de famille. Les cousins maternels de Harold étaient tous des cockneys pur sucre : rieurs, exubérants et bon enfant. D'un caractère qui contrastait avec celui de la famille Pinter, plus portée sur le piano et l'écoute de disques classiques. La différence était aussi flagrante dans l'attitude envers la religion : du côté maternel, la parentèle de Harold était laïque, voire sceptique, mais du côté paternel c'étaient des juifs orthodoxes.

La grand-mère, Fanny Baron Pinter, était la *prima donna* de la famille. À la tête d'« un lucratif salon de coiffure à Stepney [autre quartier de l'East End plus près du centre de Londres] », c'était, selon Steve York, un petit-cousin de Harold, « un personnage impressionnant. Entourée d'amis et d'amies, elle entretenait sa cour autour d'un samovar de thé russe ».

Décrite par Harold comme « jolie, de petite taille », Fanny avait été gâtée par son mari, Nathan, lui aussi tailleur. Veuve en 1939, elle n'en était pas moins restée la force de la nature de la famille Pinter. « Je me la rappelle, a écrit Steve York, qui discourait en yiddish. Elle avait un lien avec Oscar Deutsch, fondateur et propriétaire des cinémas Odeon. Mon arrière-grand-mère avait un charme *glamour* à la Pola Negri. »

Harold a grandi à Hackney, au 19, Thistlewaite Road. Le domicile des Pinter était une maison massive, en brique rouge, située dans un quartier très animé où se succédaient les milk-bars, les cafés italiens, les ateliers de tailleurs juifs et les boutiques de barbiers. On était à deux pas de Lower Clapton Road, longue artère bruyante et très encombrée, et l'atmosphère rappelait celle des ghettos new-yorkais de l'époque.

En femme d'intérieur soigneuse et très fière de sa maison, Frances Pinter éprouvait à l'égard de sa belle-mère des sentiments réprobateurs, car celle-ci négligeait le plus souvent ses devoirs domestiques pour écouter les disques du grand pianiste autrichien Artur Schnabel. Mais Harold devait rester marqué par la personnalité de sa grand-mère Pinter, au point de prendre à ses débuts son nom de jeune fille comme nom de scène (il jouait sous le pseudonyme de David Baron), et que dans la première mouture de son roman à clefs *Les Nains*, son personnage biographique s'appelait d'abord Baron.

C'était comme si Fanny avait préparé Harold à une existence peuplée de femmes combatives. Il avait une préférence pour celles qui ne courbent jamais l'échine et font preuve d'un sens aigu de la repartie, quitte à se montrer agressives quand une autorité tente de les brimer. Un jour, Maggie Smith a dit à une journaliste qu'elle aimerait mieux « boire de l'encre » qu'écouter Fiona Shaw récitant *La Terre vaine* du poète T. S. Eliot, et Harold, ravi de cette anecdote, la raconta à un déjeuner du dimanche. Il nourrissait pour Shaw une admiration profonde, mais s'enchantait que Smith ose aller à contre-courant.

Il avait aussi beaucoup ri d'une histoire rapportée par ma mère, qui avait arboré son beau manteau de fourrure à l'exposition canine Cruft's. Cette réunion annuelle est un grand événement dans la tradition britannique, où se bousculent les amoureux des chiens accompagnés de leurs toutous primés. Un monsieur scandalisé l'avait arrêtée pour lui dire : « Savez-vous combien il a fallu tuer d'animaux pour fabriquer ce manteau ? » Le regardant dans les yeux, maman lui avait répliqué : « Oui, douze loups. Et c'est moi qui les ai étranglés de mes mains. »

Il y eut aussi notre rencontre avec l'actrice Norris Church Mailer. Comme cette beauté du sud des États-Unis se préparait pour un rôle, elle se montrait particulièrement soucieuse de son apparence. Soudain, elle et moi nous lançâmes dans une grande discussion à propos de nos chevelures. C'était inattendu et assez drôle, mais son mari Norman Mailer s'en irrita fortement : « Je n'ai pas de temps à perdre avec ces bêtises ! » tempêta le célèbre romancier. Harold, lui, fit comprendre qu'il en avait. Par conséquent, Norris continua de papoter avec moi de sa voix chaude et sirupeuse, faisant comme si la fureur de Norman était nulle et non avenue.

À son entrée dans le monde théâtral, l'admiration de Harold pour les lanceuses de défis n'a pas manqué de lui ouvrir des portes : Dame Peggy Ashcroft et d'autres actrices prestigieuses le regardaient comme leur enfant chéri. Elle devait s'avérer aussi d'une importance capitale dans ses rapports avec la haute société britannique – le milieu social de ma mère –, invisiblement gouvernée par différentes sortes de matriarches. À force de se voir traitées comme des inférieures, elles pouvaient se montrer sournoises et manipulatrices. Harold ne prenait pas la mouche : d'instinct, il comprenait la société matriarcale. Plus tard, devenu plus enclin aux emportements, les dames de haut parage savaient comment l'enjôler : « Allons, allons, Harold », lui disait avec un sourire félin une hôtesse au patronyme illustre. Ces mots étaient assez pour détendre l'atmosphère et le ramener sur terre.

Quant aux membres masculins de cette même classe supérieure – à l'exception des hommes de grande culture –, ils ne l'impressionnaient ni ne l'intéressaient. Ainsi, quand il avait brièvement fait partie du Mark's Club, fondé en 1972 par l'entrepreneur Mark Birley, bien connu pour avoir lancé Annabel's et d'autres établissements tout aussi exclusifs, une visite lui avait suffi. « C'était bien trop coincé », m'a-t-il dit pour expliquer sa rapide démission. Fier de ses racines, Harold était à l'opposé de ces juifs rongés par la haine de soi et avides de se faire accepter par le grand monde. En prince consacré du théâtre, il était élitiste en matière de talent, mais non en ce qui touchait à l'appartenance sociale.

Selon Steve York, Harold était le petit-enfant préféré de Fanny Pinter – jusqu'à ce qu'il se marie avec une non-juive et qu'elle le raye de son testament. « Fanny a été vraiment déçue par Harold », a écrit Steve, dont la mère, Sue Lipstein York, cousine germaine de Harold, avait elle aussi épousé un goï. Mais Sue n'avait pas choisi

Yom Kippour pour son mariage, alors que Harold l'avait fait – au grand chagrin de ses parents. On se l'explique mieux si l'on sait qu'après sa bar-mitzvah, il avait tourné le dos au judaïsme, si bien qu'il avait oublié l'importance de cette fête.

Un jour que je me sentais l'objet d'un terrible mépris, je demandai à Harold si, au temps de sa jeunesse, il y avait eu quelqu'un pour toujours croire en ses capacités. « Oui, une tante, me répondit-il. Une personne merveilleuse, une femme bonne et encourageante. » Ce n'était qu'un échange anodin dans l'escalier mais, abruptement, il s'est tu. Je l'avais pris par surprise et une tristesse remontée du fond de lui a assombri son visage.

C'était une chose qui arrivait parfois. Harold avait un jardin secret où seule ma mère avait accès. Une confiance absolue entre eux, et absolument discrète, était leur vrai terrain d'entente. Il la prenait par la main et lui confiait ses peurs intimes derrière des portes fermées. Sans entamer sa fierté, sans entailler son armure. Ma mère l'avait enveloppé d'un manteau doré, tissé de son réconfort et de sa foi inébranlable en lui.

La tante dont il m'avait parlé s'appelait Sophie Lipstein et c'était la sœur de son père. Pianiste de talent, elle avait joué dans les cinémas pour accompagner les films muets dans les années vingt, puis sa carrière avait périclité avec l'avènement du cinéma parlant. Dans les années cinquante, Sophie enseignait le piano et accompagnait aussi les leçons de danse. Son mari, Isidore Lipstein dit « Izzy », est un des quatre pianistes qu'on entend sur l'enregistrement original de la *Rhapsody in Blue* de George

Gershwin. « Étant tous deux d'anciens musiciens professionnels, mes grands-parents comprenaient et soutenaient sans réserve les combats et les aspirations de Harold », raconte encore le petit-cousin Steve, lui-même bassiste de renom qui s'est produit avec des « pointures » de la pop music tels Chuck Berry, Eric Clapton, Grace Jones, Robert Palmer et Marianne Faithfull.

Jack Pinter ne se cachait pas de ressentir de l'inquiétude, mais il se sentait partagé. Aspirant pour son rejeton à une éducation soignée, il avait tenu à l'inscrire au lycée classique de Hackney Downs, le meilleur établissement public de tout l'East End. (En sont sortis deux pairs à vie, deux vice-chanceliers d'université et deux acteurs, dramaturges et scénaristes fameux : Harold et Steven Berkoff.) La direction encourageait les enseignants à l'individualisme. C'est entre ces murs que Harold rencontra Joe Brearley, un professeur d'anglais qui partageait son « enthousiasme passionné pour la poésie anglaise » et initiait ses élèves à l'art des auteurs dramatiques jacobéens, John Webster et quelques autres, dont les textes donnaient « le vertige » au jeune Harold. Une sortie scolaire avait été organisée pour voir *Le Démon blanc* de Webster au théâtre. Pour citer Michael Billington, Brearley devint alors « le conseiller, le mentor intellectuel et l'ami pour la vie » de Harold. Guidé par ce maître inspirant, celui-ci excellait en anglais, écrivait des articles de fond pour le journal du lycée et s'était découvert un don pour le jeu d'acteur. Toute sa vie, Harold a gardé une intense reconnaissance à Joe Brearley et, en 1995, quand il a reçu le prestigieux prix

David Cohen pour l'ensemble de son œuvre, il a évoqué dans son discours leurs longues promenades en ville, où ils « déclam[aient] dans le vent, pour les trolleybus qui roulaient ou simplement pour les passants, de petites pépites de Webster ».

Harold m'a raconté qu'une nuit qu'il écrivait un long poème d'amour sur la table de la cuisine, « à côté d'un paquet de corn-flakes », Jack, surgissant près de lui, avait saisi un des feuillets et l'avait gentiment engagé à persévérer. Mais quand son fils de quinze ans avait rapporté un exemplaire de l'*Ulysse* de James Joyce, saisi de frayeur, il avait refusé tout net l'arrivée de ce livre notoirement sulfureux dans la pièce où sa femme servait le dîner. Jack n'avait pas non plus aimé que Harold, lui apportant son repas dans son atelier, parle impoliment à son chef d'équipe : il l'avait traîné dehors et là, il l'avait giflé. « Je bosse ici ! » lui avait-il lancé pour justifier son geste.

Comme Jack avait conçu une grande fierté de son métier, il n'était pas rare que Steve York fût invité à l'atelier. « Je me souviens distinctement de lui, occupé à couper ses costumes et à surveiller le travail de ses employés, raconte-t-il. Ce qu'il voulait, c'était me persuader de devenir son apprenti ! » De nombreuses années plus tard, Steve a rendu visite aux parents âgés de Harold dans leur appartement de Hove, sur la côte sud de l'Angleterre. « Je doute, dit-il, qu'ils aient jamais compris grand-chose à la réussite de leur fils. »

Si grande était cette incompréhension que, dans son adolescence, Harold avait demandé à Harold Altman, le directeur du Club des Juifs de Hackney (association qui patronnait le sport et d'autres loisirs), d'intercéder pour lui auprès de ses père et mère. « Jack voulait qu'il renonce à l'idée de devenir écrivain, se souvient John Altman, le compositeur et arrangeur. Mon père est allé le trouver, il lui a longuement parlé et c'est ainsi que le destin de Harold a été scellé. »

En 1952, Harold a habité au domicile de Sue Lipstein York, un appartement deux étages au-dessus d'une boutique dans le quartier de Finchley Road, un secteur assez délabré du nord de la capitale qu'on appelait aussi Temple Fortune. « Il était de retour à Londres après avoir travaillé pour un théâtre en Irlande qui jouait le répertoire, écrit Steve York. Ma mère m'expliqua que Harold était fauché : acteur au chômage, il n'avait nulle part où loger. » Ainsi a-t-il vécu dans une pièce inoccupée, dépourvue de tout mobilier, qui servait à la fois d'atelier et de salle de jeux pour le petit Steve de quatre ans. « Je m'en souviens très bien, dit Steve, parce que mon père a quitté la maison environ un an plus tard. La famille s'en est étonnée, car Harold et lui s'entendaient comme larrons en foire. Deux adeptes du socialisme. »

Harold et Sue, sa cousine, partageaient un même amour du jazz et fréquentaient le Ronnie Scott's et d'autres clubs en vogue dans ces années. Tant que sa santé le lui a permis, il n'a cessé d'enrichir une intéressante collection de disques de jazz qui ne se bornait pas à Miles Davis et à Thelonious Monk. « En discutant avec ma mère de son travail, poursuit le petit-cousin, Harold lui a révélé qu'il n'était monté sur les planches que parce qu'il voulait tout connaître du théâtre avant d'en écrire lui-même, en particulier le rythme. Ajoutant qu'il préférait mettre en scène ses propres pièces pour avoir la certitude que le rythme serait impeccable. »

Au piano, Sue Lipstein York avait atteint le niveau d'une véritable concertiste, mais était trop traqueuse pour se produire devant un public autre qu'un petit groupe de ses amis.

La carrière de son père avait été beaucoup moins effacée. Pianiste très apprécié dans les années vingt, les prestations d'Izzy Lipstein lui avaient rapporté beaucoup d'argent. Mais quand la Grande Dépression avait frappé le pays et que le groupe d'Izzy, pour survivre, aurait dû exécuter des numéros de cabaret, il avait refusé sans détour. « Mon grand-père, reconnaît Steve, aurait préféré se faire chauffeur de taxi plutôt que d'avilir sa musique. En conséquence, le niveau de vie de sa famille a drastiquement chuté. »

En somme, tout tournait autour d'Izzy et la tante préférée de Harold était l'épouse qui convenait à ses projets et à son mode de vie. Sophie avait quitté une mère aussi exigeante qu'autocentrée pour un mari qui ne l'était pas moins. Mais au départ de sa fille avaient commencé les ennuis. « Sophie s'est sentie esseulée, explique Steve. Intelligent et cultivé, Izzy ne se distinguait ni par sa tendresse ni par son humour. » Il aimait conduire sa voiture quand il faisait nuit et, le jour, aux heures où il était éveillé, s'absorbait dans des problèmes d'échecs ou dans sa musique, travaillant à ses improvisations à partir des partitions de Bach.

Plusieurs fois déjà, Sophie avait tenté de mettre fin à ses jours en avalant des médicaments. Puis, un matin, elle s'était suicidée au gaz dans sa cuisine. Izzy, ce jour-là, était rentré plus tard que prévu.

Au fil des ans, de toute sa parentèle, c'est de Steve York et de sa mère que Harold est resté le plus proche. « Il nous invitait à déjeuner, se souvient Steve, et nous avons assisté à la plupart de ses pièces de jeunesse. » En 1972, quand Sue est décédée dans son sommeil d'un ulcère perforé, les deux hommes se sont rencontrés. « Voyant que j'étais au plus bas, continue Steve, Harold m'a offert un billet pour que je visite les États-Unis. Là, j'ai auditionné pour un groupe [les Manfred Mann Chapter Three] et tout s'est terminé par une tournée qui a duré un an. »

En 1977, après avoir rejoint les musiciens d'Elkie Brooks, la « reine britannique du blues », Steve invita Harold et ma mère à un concert à l'Albert Hall. Au récit de cette aventure, à laquelle avaient aussi été conviés mes deux petits frères, je fus tout à la fois stupéfaite et un rien jalouse. Elsie Brooks, cette sauvageonne du rock, n'était ni le genre de Harold ni celui de ma mère. Hélas pour eux ! Steve, bien intentionné, leur avait réservé des places à côté d'une énorme enceinte. Et je crains fort que la description touche par touche (et sans doute grandement exagérée) de leurs visages souffrants et éberlués ne m'ait fait éclater de rire. Ô cruauté de la jeunesse…

ENFANTS DE LA GUERRE

Harold et ma mère étaient des enfants de la guerre. Entre eux, un lien fondamental. Il colorait leurs plus vieux souvenirs et, à mon avis, constituait un élément clef de leur relation amoureuse. Tous deux avaient fait l'expérience du stoïcisme de leurs parents : de grandes personnes conscientes que les nazis pouvaient lâcher leurs bombes et les tuer à tout moment, mais qui avaient le devoir de dissimuler leur terreur. Je me demande si c'est d'avoir été des enfants de la guerre qui a fait de Harold et de ma mère des survivants intrépides, consciemment et inconsciemment.

L'acceptation, en somme, que la vie était dangereuse, mais que c'était aussi une aventure dont on devait savoir tirer le suc. Quand ils évoquaient leurs souvenirs de la Seconde Guerre mondiale, j'ai observé qu'ils soulignaient avec emphase tout ce qu'elle avait eu de tragique, mais en balayaient nonchalamment les angoisses. Harold se rappelait surtout l'impuissance de la pauvreté, alors que pour ma mère c'est le rationnement qui était le monstre hideux et haï. De façon très différente, leur habitude de voyager en première classe, de descendre dans des hôtels de luxe et de déjeuner et dîner dans les meilleurs restaurants tenait presque du besoin ou, si l'on veut, d'une réaction épidermique. Une revanche sur leurs jeunes années de privations.

Un soir, ma mère m'a confié qu'aussi bien Harold que son ami Sam Spiegel, ce juif natif d'Autriche quasi sorti du ruisseau pour devenir grand producteur, se lançaient dans des tirades pour clamer leur jubilation de mener désormais la grande vie. Comme une compensation des injustices et des malheurs subis. Ma mère feignait la surprise, mais son enfance de privilégiée avait été étrangement frugale et elle aussi se régalait de n'être plus privée de rien.

À part leur différence de classe, que tous deux savaient abyssale, il existait entre leurs deux enfances une disparité criante : ma mère était l'aînée de huit garçons et filles, mais Harold fils unique. Elle avait dû partager et lutter pour son pré carré, pour le moindre moment d'attention, alors qu'aux yeux de ses parents lui avait toujours été le centre de l'univers.

Cette situation avait radicalement changé après la déclaration de guerre, car Harold avait été évacué sur la côte sud des Cornouailles. Pourtant, je me demande si ce n'est pas ce qui l'a construit. Pour fuir les bombes sur l'East End, il était devenu un déplacé, à l'âge de neuf ans à peine. Bien des années plus tard, il a relaté son séjour au château de Caerhays, édifice néogothique bâti sur les plans de John Nash au début du XIXe siècle, en décrivant le lieu comme « une prison de verdure dont les rideaux avaient soudain caché le ciel ». Pour un enfant aussi choyé que sensible, ce fut sans doute une expérience traumatisante. Il se voyait contraint de partager son espace et de dormir dans une écurie convertie en dortoir pour garçons. Il fallait s'adapter à tout et repousser les petites brutes, comme dans *Sa Majesté des mouches*, le roman de William Golding. « Je pense qu'en règle générale, cette impression de perte et de confusion a eu pour effet de nous rendre de plus en plus méchants, devait se rappeler Harold. Le mot juste serait "horribles". Nous formions une colonie d'horribles petits garçons. »

C'est ce qu'avait illustré la première visite à Caerhays des parents Pinter. Le thé servi, Frances avait donné sa part de gâteau à son fils. Un des autres gamins s'en était aperçu et, durant plusieurs semaines, une ligue s'était formée contre Harold, le raillant sans pitié d'être un « petit garçon à sa maman ». Comme ils disposaient de fort peu d'argent, les visites des Pinter étaient rares. Le château se trouvait au fin fond des Cornouailles, qui sont un peu notre Bretagne. Chaque fois, les retrouvailles rappelaient au garçonnet la vie qu'il avait dû quitter. Un jour, il avait dit au revoir à ses parents devant un arrêt d'autocar. « Le chemin était long pour rentrer au château », a-t-il confié à Billington. Mais, s'étant retourné et les voyant de loin pareils à « deux têtes d'épingles », il n'avait pu s'empêcher de rebrousser chemin, « courant vers eux en sens inverse par-dessus les tas d'herbe coupée, fonçant dans leur direction, et bien entendu ils étaient accourus aussi ».

Faute d'échappatoire, cette expérience a endurci Harold en même temps qu'elle a démoli son assurance d'enfant unique. L'obligeant à faire face aux autres en subissant leurs conditions et à s'accommoder du pouvoir de la meute, son évacuation l'a éveillé à la vie. Plus tard, Harold se montrait inflexible sur le respect du territoire et les frontières à ne jamais franchir, et se mettait en colère si on les ignorait. Du fait de sa nature généreuse et accueillante, il se plaisait en compagnie des autres, mais n'en tenait pas moins à son intimité.

Devenir réfugié de guerre dans le Yorkshire l'avait conduit à découvrir un sport : le cricket. Pour Harold, le cricket avait une telle importance qu'un jour de bombardement, alors que le grand lilas dans le jardin familial « s'était enflammé tout le long du mur du fond », il était revenu en arrière, courant comme un dératé pour récupérer sa batte. Ce qui l'émerveillait était la précision du jeu, et le fait qu'un joueur pouvait toujours s'améliorer. De tous les sports de balle au monde, le cricket est le seul où une erreur ne puisse être rectifiée.

Après guerre, quand les chemises noires d'extrême droite d'Oswald Mosley sont, comme disait Harold, « revenues à la vie » partout au Royaume-Uni, elles ont fondu sur l'East End, avides de se répandre en discours provocateurs et de passer à tabac les habitants juifs du quartier. « Ces types étaient d'une grande violence, a-t-il plus tard témoigné. Et je les détestais pour leur antisémitisme et pour ce qu'ils avaient fait à certains vieux juifs [ceux des affrontements dans la zone de Dalston

Junction]. » Pour annoncer leur arrivée, les escadrons de Mosley battaient lentement du tambour.

Souvent, les fascistes attendaient à la sortie du Club des Juifs de Hackney. Harold et ses copains se voyaient entourés d'une bande de brutes qui serraient dans leur poing des bouteilles cassées. « En chemin, ils les brisaient contre les murs, a raconté Harold à Melvyn Bragg au cours d'un entretien filmé. Nous étions des gars de seize ans et il n'y avait pas de quoi rire. » Une façon de faire face consistait à engager une simple conversation, détendue en apparence, car, dans l'idée de Harold, il y avait « quelque chose dans la courtoisie naturelle des messieurs anglais qui les obligeait à répondre ». L'échange commençait ainsi : « Ça va ? – Oui, ça va. – Ça va vraiment, tu es sûr ? » L'air de rien, Harold et ses compagnons pouvaient ainsi marcher jusqu'au premier carrefour, puis détaler à toutes jambes. « J'en suis encore à me demander comment ces gangs de fascistes avaient les coudées si franches », a-t-il déclaré à Miriam Gross dans *The Observer* en 1980.

Aussi curieux que cela puisse paraître, les affidés de Mosley avaient aussi malmené mon grand-père du côté maternel. C'était en 1936, à la suite d'un rassemblement de chemises noires à Oxford. On avait retrouvé grand-père le corps couvert d'hématomes, avec à hauteur des reins des marques de coups de matraque. Professeur à Christ Church College, jeune tory plein de promesses, il avait, après l'expérience de ce tabassage, complètement changé de bord et s'était ancré à gauche pour le restant de ses jours. « L'esprit de Frank regorgeait de projets ambitionnant de briser à jamais le pouvoir fasciste à Oxford », a écrit ma grand-mère dans ses mémoires.

Tout aussi indignée et révoltée que son mari, elle avait montré ses blessures à ma mère. « Tu ne dois jamais oublier que les fascistes ont fait ça ! » l'avait-elle admonestée en frappant sur la couverture. Maman n'avait pas quatre ans, mais cette scène et ces paroles l'avaient marquée comme au fer rouge « Ma conscience éberluée qu'il y avait dans le monde des grands d'immenses causes bonnes ou mauvaises, totalement différentes des petites querelles de la nursery, s'est éveillée ce jour-là », a-t-elle écrit dans *My History*.

CHAPITRE SIX

Chaussures et chaussettes sur la plage

Une photo perpétue le souvenir des premières vacances d'été que nous avons passées avec Harold. Assis sur une chaise pliante, un livre est posé sur sa cuisse. Derrière lui, Orlando et moi enfouissons Damian sous les minuscules galets de la plage. Sur ce cliché pris par ma mère, je porte mon costume de bain à rayures multicolores et Orlando un peignoir blanc. Nous avons les cheveux mouillés, légèrement aplatis par la baignade et par le sable. Plus loin, on aperçoit nos affaires éparpillées sur une couverture en tartan : T-shirts chiffonnées, shorts abandonnés pêle-mêle, un panier de pique-nique en osier, le sac en cuir de maman à côté d'une vieille paire de chaussures de football éraflées et d'une bouteille d'eau qui fuit par le col.

Sous les galets, le prisonnier s'agite : Damian s'est mis à crier et à proférer des menaces. Il sait que la marée va monter dans sa direction. En famille, on s'amuse bien, mais Harold n'en a pas conscience. Il est perdu dans son monde. Et concentré sur sa page.

Ses yeux sont dissimulés par des lunettes de soleil, une chemise saharienne noire pliée derrière le trône qu'il occupe. Ses avant-bras sont bronzés, mais plutôt pâle son torse nu, même s'il n'est pas d'une blancheur lunaire comme ceux des gamins bruyants qui se démènent dans son dos. Sa peau au teint olivâtre supporte bien le soleil. Il a bouclé une ceinture autour de son jean bleu foncé.

Un détail intrigue : il a gardé ses chaussures et ses chaussettes. Ici, tous les grands vont pieds nus pour sentir avec la plante les menus galets sous leurs pas. Et se précipiter dans l'eau sans se soucier de sa température. Ah, l'expérience de la plage britannique !

Pas pour Harold.

Ma mère nous avait transmis son amour du bord de mer. Seaux, pelles et châteaux de sable, loin du tumulte de la foule. Couleurs vives du paysage : chaises-longues, parasols à franges, écarlate des coups de soleil. Comparés à tous les baigneurs, nous semblions peu équipés, sauf pour la crème solaire « écran total ». La peur de l'érythème était dans l'air.

Avant Harold, on célébrait l'anniversaire de maman par un pique-nique au bord d'une plage au nord de l'Écosse. À Rosemarkie, non loin de la ville de Dingwall, la chère était généreuse et les enfants Fraser à la parade distribuaient la nourriture aux invités. Les *sausage rolls, Scotch eggs* et *shepherd's pies* étaient encore bien chauds dans leur papier d'aluminium. S'il ne pleuvait pas, le vent soufflait : il fallait porter un chandail par-dessus le maillot de bain. Une fois le gâteau avalé, on plongeait dans l'eau glacée. Ma mère en tête, que rien n'arrêtait.

Harold n'était pas comme elle. « Tu ne viens pas nager ? lui demandais-je. – Non », me répondait-il. Et c'était tout.

En juillet 1976, nous sommes à Lyme Regis, dans le comté du Dorset. Avec ses hautes falaises déchiquetées et romantiques, c'est le pays de Thomas Hardy, qu'il appelle le Wessex dans ses romans. Hardy faisait partie des héros littéraires de Harold. Ma mère, à son habitude, avait acheté tous ses livres. Une corbeille en rotin ronde aux poignées effilochées contenait l'intégralité de cette œuvre en format de poche : les petits livres noirs Penguin. Les couvertures de *Jude l'obscur*, de *Loin de la foule déchaînée* et de *Tess d'Uberville* semblaient rafraîchies, rénovées par des illustrations photographiques. Je les ai tous dévorés, même si le destin tragique des personnages féminins me mettait assez mal à l'aise. Un jour, je m'expatrierais. Surtout, je me garderais bien d'habiter jamais cette campagne.

Nous avions élu domicile dans un cottage dépendant du domaine de Laverstock, oasis de tranquillité créée par sir Fred et lady Warner, sa femme Simone. Un lieu villageois, enchanteur. Il y avait là des poules qui picoraient, des bambins blonds à demi nus – les chérubins du couple, Valentine et Orlando – et, souvent, on entendait les hennissements de Flaky, le poney de la toute jeune gardeuse d'oies en résidence : Alexa de Ferranti, fille de Simone, née d'un premier mariage.

Attentionné, extrêmement affable, sir Fred avait travaillé pour le bureau des Affaires étrangères et été en poste à Moscou comme premier secrétaire d'ambassade en même temps que Guy Burgess, l'espion le plus célèbre de l'histoire du Royaume-Uni. En conséquence, des rumeurs circulaient. Elles le nimbaient de l'aura du rebelle – ou du moins l'avais-je décidé. Né en 1918, la même année que mon père, c'était un homme d'une autre génération. Comme papa, Fred pouvait se fâcher et s'autoriser des colères. Mais il eût été difficile de ne pas admirer en lui sa dignité teintée d'humour – un humour qui dans son cas s'exprimait en plusieurs langues – et sa grande bienveillance pour Alexa, sa belle-fille.

À ma stupeur, elle l'avait convaincu de chanter la chanson signature de Shirley Temple, « On the Good Ship Lollipop ». Le souvenir me reste de sa haute silhouette couronnée de cheveux gris, de ses yeux derrière ses lunettes à épaisse monture d'écaille. De son aisance avec les mots, mais aussi pour danser les claquettes. De notre rire perlé et de notre ravissement. L'idée d'Alexa était folle, mais très touchante.

Ancien ambassadeur du Royaume-Uni au Japon, Fred avait été un des premiers à employer le terme « zen ». Seul obstacle à sa sérénité : son métier de *gentleman farmer* (chemise brodée d'initiales, jambes minces dans un jean râpé, aux pieds des bottes de l'armée). Il le mettait journellement aux prises avec le bétail et les mouches. Oui, les mouches. Harold les détestait. Un peu alarmant, cela montrait un autre côté de lui, limité et possédé. Armé d'une tapette en plastique, il la brandissait, l'abattait, écrasait. Le calme était momentané, car, minuscules et noirs comme l'encre, les insectes ailés revenaient.

Ma mère le taquinait, un peu pour épargner à ses enfants ses accès de colère, comme je n'ai pas manqué de le sentir. On lui suggérait des méthodes. Mais l'attrape-mouches enduit de glu n'avait pas été à son gré, non plus que le tue-mouches à l'électricité pour anéantir ces sales bêtes.

Le problème des mouches causait certaines tensions : Harold se voyait accusé de chochotterie. Grâce à nos nombreux séjours en Écosse, mes frères et moi avions pris l'habitude des moucherons. Et ces moucherons piquaient. Couverts de petits boutons, nos bras viraient au rose vif à force de piqûres. Au terme d'un déjeuner, nous prîmes Harold à partie, encouragés ce jour-là par l'absence de notre mère. Assis dans le jardin, nous commençâmes notre numéro, un exercice d'élocution : *Shut up the shutters and sit in the shop*, à énoncer aussi vite que possible. Il n'y avait eu aucune décision au préalable de nous liguer contre lui, mais soudain, pour l'exaspérer, nous chantions en chœur *Shut up the shutters.* Face à trois paires d'yeux bleus durcis par la malice, Harold fut dépassé. Tel Gulliver, les jeunes Fraser de Lilliput le cousaient au sol. L'y clouaient par des pointes invisibles. À la quatrième reprise de notre refrain, il frappa du poing sur la table et explosa : « Arrêtez ça, arrêtez ça, arrêtez ça ! » Nous obéîmes, puis notre mère revint. Et personne ne parla de rien, car Harold n'était pas du genre à moucharder.

Notre cottage se trouvait dans un foisonnant berceau de verdure. Quant à l'intérieur de la maison principale, il reflétait le goût exquis de Simone Warner. Jolie comme un cœur, elle avait des mains ravissantes : blanches comme celles d'une dame victorienne. Et toujours affairées à quelque chose. Il y avait parfois de petits drames : en quête de perfection, Simone pouvait s'émouvoir à l'excès. On voyait dans ses yeux verts que certaines choses la contrariaient, à l'inverse de ma mère et de nombre de ses amis, plus désinvoltes et plus décontractés.

Il y avait aussi la Mercedes décapotable de Harold, couleur argent. Quand elle brillait au soleil, elle éclipsait toutes les autres voitures aux alentours. Ma mère l'appelait « Myrtle », et j'ai d'abord pensé que c'était un surnom choisi par son propriétaire. Mais il lui venait des hommes des Gaieties, l'équipe de cricket de Harold. Histoire de le taquiner, ils avaient donné à sa voiture bien-aimée le nom de la femme du patron du garage dans *Gatsby le magnifique*, l'infortunée Myrtle qui meurt écrasée par son amant. Beaucoup de gens parlaient de la Mercedes en l'appelant Myrtle, mais je me demande si Harold l'a jamais fait – même s'il était tout sourires quand ma mère lâchait ce nom au cours de la conversation comme celui d'une connaissance.

Harold l'avait achetée avant d'avoir passé son permis de conduire. Cette décision pour le moins illogique ne lui ressemblait pas du tout, car il était le type même de la rigueur et de la prévoyance. Pas de doute : Myrtle l'avait ébloui. Rétrospectivement, je pense qu'il s'agissait d'un modèle unique, car beaucoup de gens lui proposaient de fortes sommes pour qu'il accepte de la leur céder. Il trouvait sur le pare-brise des mots laissés par des collectionneurs et des pilotes de course chevronnés. Arrondie, voluptueuse, la carrosserie de Myrtle luisait d'un doux éclat crémeux beaucoup plus que métallique, mais l'intérieur en cuir noir, éminemment masculin, produisait un tout autre effet. Le volant était rembourré d'un revêtement cousu à gros points (dont les franges ne laissaient pas d'avoir quelque chose d'incongru), les banquettes profondes et moelleuses. Au volant, Harold se sentait dans son élément : compétent et aux commandes. Jamais je ne prenais place sur le siège du passager, qu'il réservait à ma mère. Être assise à l'arrière de Myrtle quand le toit était ouvert et la capote repliée définissait mon idée du monde fitzgeraldien.

Ces soirées dans le Dorset m'apportaient un sentiment d'insouciance encore inconnu. Sans doute la vague de chaleur estivale y était-elle pour beaucoup. Pour une fois, rivages et campagne du sud-ouest de l'Angleterre semblaient tout aussi chauds que le midi de la France. En raison de la sécheresse, il fut strictement interdit, cet été-là, d'arroser les jardins – ce qui n'empêcha pas Harold de vouloir faire laver Myrtle et de rentrer tout étonné que les garages de la région aient opposé un non à sa demande.

Le soir, Myrtle inspirait des chansons. Je me revois assise sur la banquette arrière. Les petits genoux d'Alexa touchaient les miens et elle avait la peau couleur fauve sous l'effet du soleil. Comme Simone, elle possédait une voix ravissante. À mon tour, j'entonnais avec force un poème au sujet d'une femme qui jouait de la cithare. Dans mon innocence, je ne comprenais pas ce que suggéraient les mots « Frémissante, elle lustre l'instrument tantôt par-ci tantôt par-là » et « Elle le caresse dès son bain du matin », qui arrachaient à Harold et à maman des fous rires. Ces rires, me semblait-il, étaient hors de propos. Partir sur les routes à bord de ce bijou de la mécanique allemande m'apportait mes premières expériences d'un vrai abandon : mes longs cheveux flottaient au vent, l'air embaumé de la nuit me câlinait le visage. Cernés de très hautes haies, je savais que nous roulions à travers la campagne anglaise, mais, dans ma tête, je me sentais ailleurs : en un lieu de tours et détours tout gorgé de mes espoirs.

Les amoureux étaient assis devant. Les boucles blondes de l'une, les mèches brunes de l'autre... Je revois leurs deux têtes qui s'inclinent l'une vers l'autre, leurs yeux qui se regardent, leur sourire bienheureux comme s'ils s'étaient connus la veille. « Rame, rame, rame sur la rivière... » Les mots de la comptine populaire prenaient un sens. « Joli, joli, joliment, la vie n'est qu'un rêve. » Grâce à Harold, une brume féerique nous enveloppait.

« PAS LA PEINE »

La première pièce de Pinter que j'ai vue était une reprise du *Gardien* – une production d'étudiants de 1975 –, et ce fut une révélation. À douze ans, cela va de soi, j'y suis allée dûment chaperonnée, mais je l'ai rapidement oublié : les échanges entre les personnages m'ont chavirée. À la fin de l'acte II, le grand monologue d'Aston m'a bouleversée et j'en ai été silencieusement outragée. La condescendance de Davies m'a semblé plus familière. À vrai dire, je l'ai vraiment prise à cœur, cette première pièce : le pauvre Ashton avait été lobotomisé.

J'ai oublié le nom du jeune acteur qui jouait Aston, mais ce qui me frappa fut le pouvoir des mots. Souvent, quand je suis témoin d'une cruauté, d'une injustice, ce monologue me revient en mémoire.

Le lendemain matin, maman me demanda mon sentiment sur cette première expérience pinterienne. « Dis à Harold ce que tu en as pensé », me pria-t-elle. Elle parlait d'un ton léger, mais je me sentais bâillonnée, incapable de m'exprimer. « Allons, ma chérie… » Elle a continué d'insister jusqu'à ce que Harold, de sa voix la plus calme, nous déclare « Non, pas la peine » avant de quitter la chambre. À cet instant, je me suis sentie à l'aise. Quarante-huit ans plus tard, ce souvenir persiste.

CHAPITRE SEPT

La « décennie du Moi »

En 1977, quand a commencé la révolution du jogging, Harold et ma mère se sont brièvement laissé emporter par ce courant. C'était le temps de Pâques et nous avions retrouvé le Dorset et le cottage de Laverstock. Sur la terrasse, autour de grands verres de vin blanc, on discuta des bénéfices miraculeux de la pratique de ce sport. James « Jim » Fixx et son best-seller *Courir pour vivre mieux* étaient caractéristiques de la période, que l'essayiste américain Tom Wolfe, en 1976, a appelée la « décennie du Moi ». Désormais, prendre soin de soi sur le plan physique faisait fureur.

Pionnier de la remise en forme, Fixx, naguère paresseux et trop gras, avait gagné la silhouette d'un sylphe à force de courir « en caleçon » (ainsi un de ses voisins désignait-il son short en acrylique). Il appartenait à la même génération que Harold et que ma mère : des gens dans la quarantaine, avides de maîtriser les secrets de la jeunesse éternelle. À quatorze ans, l'affaire me parut bizarre. Moi qui n'aimais guère l'exercice physique, je n'avais pas de temps à perdre avec les fanatiques du *fitness* : ils me faisaient penser à certaines compagnes d'école parmi les plus exaspérantes.

Le lendemain matin, Harold apparut au rez-de-chaussée dans un éblouissant survêtement turquoise et blanc. Ce bleu tape-à-l'œil m'étonna, mais sans doute fallait-il y voir l'expression de son enthousiasme. Moins ostensiblement sportif, le survêtement de ma mère semblait plus sobre et moins hardi. Bleu marine à liserés rouges, c'était en quelque sorte une version « hôtesse de l'air ». Avant de commencer, Harold nous fit une démonstration de ses qualités athlétiques. Les poings serrés comme un boxeur, il bondissait d'un pied sur l'autre et, sur ses traits déterminés (mais toujours aussi saturniens), se lisait son intention d'en remontrer à qui voudrait. Ma mère, pour sa part, se montrait plus souriante qu'expansive.

Ils commencèrent de courir sur les allées dallées entourant le cottage. Leur cadence était lente. Et même, osons le dire, très lente. S'appliquant souvent à courir sur place, ils prenaient un peu trop à la lettre les instructions de Jim Fixx. Comme pour le souligner, mes deux frères passèrent devant eux en trombe, l'impudence peinte sur le visage. Notre mère voulut bien en rire. Quelques minutes plus tard retentit un cri fatidique de Harold. Il s'était froissé un muscle du dos. Maman, bien entendu, courut aussitôt vers lui.

Nous dûmes réprimer un certain soulagement, et aussi des éclats de rire et des rictus ironiques. Le pauvre Harold épanchait sa douleur, gémissant à n'en plus finir. Tout à fait à contre-courant de l'attitude apprise à son école comme dans toutes celles du pays : sourire sans rien laisser paraître. Peu britannique sur ce point, il expliquait et se plaignait. Et comme toujours, ma mère l'écouta jusqu'au bout de ses jérémiades. Son sens aigu de l'empathie, insolite pour une femme de son monde, était un des canaux étanches par où ruisselait leur amour.

Inutile de préciser que la pratique du jogging fut aussitôt mise au rencart avec le survêtement turquoise. Pour marquer l'événement, je fis un croquis de Harold dans sa belle tenue de sportif. Portée une seule matinée, elle ne trouva pas sa place dans sa garde-robe surchargée de polos noirs, de chemises sahariennes foncées et de pantalons de toutes les nuances ténébreuses.

La durée de vie du son, autre toquade de cette « décennie du Moi », s'avéra un peu plus longue. Tous les matins, Harold et maman mélangeaient leurs flocons de son à de la marmelade et consommaient le tout en couche épaisse sur leurs tartines grillées de pain complet. Pour autant que je me souvienne, le son avait goût de sciure, mais les journaux vantaient les mérites pour prévenir des cancers potentiels de l'appareil digestif et beaucoup d'autres maladies.

Harold menait avec ma mère une existence hors du commun. En raison de son travail – les mises en scène sur Broadway, les projets de scénarios pour des films américains –, ils prenaient souvent le Concorde et séjournaient des mois durant au Carlyle de Manhattan. Essentiel à la période de la « décennie du Moi », ce relativement petit hôtel au mobilier Art déco était le rendez-vous de vedettes hollywoodiennes comme Warren Beatty et Jack

Nicholson, les têtes d'affiche les plus « tendance ». En ces années, non seulement la vanité masculine était acceptée de bon gré, mais l'engouement ne se démentait pas pour l'autolâtrie des célébrités mâles. Pour peu qu'un homme eût les cheveux qu'il fallait ou un sourire affriolant, son narcissisme était tenu pour excitant et enivrant.

J'avais enjoint à ma mère de me rapporter tous les autographes qu'elle pourrait. « N'oublie pas ! » avais-je insisté, mécontente qu'elle m'eût failli quand elle avait croisé Élizabeth Taylor, alors épouse d'un sénateur à Washington. En violet de pied en cap, la tête coiffée d'un turban, la star, m'avait-elle rapporté, faisait parade de ses appas. Avec bravoure, ma mère finit par embobeliner Jack Nicholson dans l'ascenseur du Carlyle, ignorant ce faisant la surprise de Warren Beatty. Sur le papier jaune vanille de l'hôtel, Nicholson traça un autographe classique. Un peu plus tard en revanche, McQueen signa « Heureux, heureux ! Steve McQueen ». Comme on était en 1976, ces mots étaient griffonnés sur une de ces photos autocollantes à bannière étoilée célébrant le bicentenaire de l'indépendance des États-Unis.

« "Heureux, heureux" ? Qu'est-ce que ça veut dire ? » demandai-je à maman. Elle n'en avait pas la moindre idée. Harold, qui connaissait l'acteur depuis les années soixante, commenta : « Que veux-tu, c'est Steve. » Quoi qu'il en fût, les yeux bleus de McQueen étaient à la hauteur de leur réputation. Plus grand que je n'imaginais, il arborait aussi une longue barbe fournie. « Pourquoi cette barbe ? » m'étonnai-je, car j'associais les ornements pileux aux vieux birbes et aux hippies. « Pour éviter qu'on le reconnaisse », me répondit ma mère. Bien entendu, la barbe produisait exactement l'effet inverse.

McQueen voulait tourner un film adapté de *C'était hier*. Idée des plus étranges compte tenu du contenu particulièrement ambigu et érotique de la pièce de Harold. Mais le héros de *La Grande Évasion*, de *Bullit* et de *Papillon* semblait beaucoup y tenir. « Je suis terriblement décadent ! » avait-il affirmé après avoir lu à voix haute les passages les plus osés. McQueen se plaisait aussi à étonner son copain Harold. « Regarde, Harold, tu vois comme je suis fort ? » plastronnait-il après avoir fendu en deux une canette de bière métallique. Prenant un accent américain, Harold l'imitait devant moi, avec les mouvements des mains et tout le reste.

Julia fut un autre projet de film hollywoodien qui resta lettre morte. Pour moi, ce fut une déception, car Jane Fonda faisait partie de mes idoles. Harold avait tenté d'en écrire le scénario à partir de *Pentimento,* le récit autobiographique de Lillian Hellman. Mais il n'y était tout simplement pas parvenu, de sorte que la Columbia l'avait attaqué en justice pour récupérer son argent. Par bonheur, il était tombé sur un juge britannique compréhensif qui avait classé l'affaire. En gros, ce juge avait conclu : « Mr Pinter a essayé, Mr Pinter a échoué. Maintenant, faites-vous une raison et passez à autre chose. » La nouvelle nous arriva alors que nous déjeunions. Bien qu'elle fondît de tendresse pour ce magistrat qui comprenait si bien les aléas de la création artistique, ma mère en fut détendue. De surcroît, comme il était juste, la Columbia devrait acquitter les frais d'avocat de Harold.

Le Dernier Nabab, en revanche, fut pour mon futur beau-père le grand succès hollywoodien de la seconde moitié des années soixante-dix. Financée par la Paramount, il était prévu que cette production de Sam Spiegel serait réalisée par Elia Kazan. Comme les deux hommes avaient remporté un Oscar pour *Sur les quais*, les attentes du public et de la critique étaient considérables. On oubliait apparemment que leur réussite initiale remontait à vingt-deux ans. Une distribution éclatante avivait l'excitation. Pour marquer cet événement, ma mère prit une photo de Spiegel, de Kazan et de Harold, côte à côte à l'hôtel Carlyle. Sur cette image, le sourire de Kazan semble forcé, un rien crispé. Dans *Une vie*, ses passionnants mémoires, il a reconnu n'avoir accepté le projet que parce qu'il se trouvait dans un grand embarras d'argent. Il n'aurait jamais fait ce film de son plein gré mais, pris à la gorge, n'avait pu faire autrement que de répondre oui.

Dès le début, les ennuis avaient commencé à cause d'Ingrid Boulting, engagée pour jouer l'héroïne romantique du drame. Son visage lunaire et rêveur, illuminé par ses yeux en amande, faisait le bonheur des plus grands photographes de mode. Mais devant la caméra, l'ex-mannequin vedette se montrait aussi expressive qu'un bout de bois. Lors de la première du film à New York, où se pressaient les étudiants en art dramatique de la Juilliard School, ma mère se rappelle les ricanements sonores dans l'assistance.

Des années plus tard, Harold décrivit Boulting comme charmante, mais « ne faisant tout simplement pas le poids ». Sans colère, sans ressentiment, il en avait pris son parti. En tant que créateur, Harold était un homme aussi calme que sage, qui éprouvait un respect naturel pour ceux qui avaient eu le mérite d'oser. S'il maudissait les politiques, dont l'irresponsabilité le faisait toujours enrager, il regardait d'un œil tout différent les créatifs.

N'ayant rien d'un naïf, Harold avait bien compris que les charmes d'Ingrid Boulting faisaient merveilleusement l'affaire de Sam Spiegel. « Cette petite est à croquer ! » lui disait le producteur, dont le goût pour les beautés nubiles était notoire. À croquer ou non, sa présence engourdit le film. Harold, toutefois, a toujours gardé une profonde affection pour Spiegel, que Lauren Bacall a attribuée à « l'histoire hollywoodienne de Sam ». Sans doute cet élément a-t-il joué son rôle, mêlé à la compassion de Harold pour cet homme vieillissant qui ne voulait pas dételer. « Le secret du bonheur, ce sont les putes », lui a un jour déclaré Sam.

Spiegel, sans conteste, faisait partie des grands sachems de la « décennie du Moi » – son yacht, *Malahne*, était l'endroit rêvé pour croiser les vedettes de cinéma –, mais il y avait une authenticité dans les amitiés qu'il nouait. Quand Harold a rencontré Jane Fonda, la première question de l'actrice fut : « Comment va Sam ? » Dans leur vie à tous deux, Sam Spiegel restait une force vive. Mais c'était aussi un homme vulnérable. Aussi, quand Warren Beatty voulut le persuader d'accepter un rôle dans *Reds*, son film oscarisé de 1981, Harold se montra-t-il protecteur : le producteur craignait l'humiliation.

Tel un requin, Beatty ne voulut pas lâcher sa proie et se servit de Diane Keaton et d'autres actrices de *Reds* pour tenter de l'aguicher. Mais Spiegel, qui avait le physique d'un Romain corpulent plutôt que d'un adonis, confia ses peurs à Harold, qui se sentit dégoûté de toute cette histoire : « Fiche-lui la paix, putain de merde ! » Étourdiment, je fis part de son opinion à une personne qui travaillait sur *Reds*. Comme si c'étaient mes affaires. Aussitôt sur la défensive, cette femme me fit valoir que Beatty nourrissait pour Spiegel une véritable adoration et que, pour tout l'or du monde, jamais il n'eût accepté de le meurtrir dans sa fierté. Cependant, d'avoir trop vécu en « M. Décennie du Moi », le bel acteur et réalisateur n'avait simplement rien compris aux angoisses de son aîné.

Harold faisait preuve d'un aplomb inébranlable et souvent non conformiste : sur certains sujets, il se refusait à céder un pouce de terrain ou à permettre qu'on l'enjôle pour le faire rire. Au Royaume-Uni, ce sérieux passait fréquemment pour pompeux, comme s'il manquait du sens de l'humour : il était le « grincheux socialiste ». En ces premières années, toutefois, il n'en allait pas ainsi. Il manifestait un désintérêt rafraîchissant pour la méchanceté gratuite si caractéristique de son pays.

Ma mère achetait les torchons du dimanche comme le *Sunday Mirror* ou le *News of the World*, connus pour leurs ragots graveleux sur la vie privée des célébrités. Elle les appelait la « presse salace » et ils l'amusaient beaucoup, sans souci que Harold les jugeât plus bêtifiants les uns que les autres. Les tabloïds britanniques n'étaient simplement pas son *trip*.

Un des grands *trips* de Harold, c'étaient les soupers après le théâtre, le cinéma ou l'opéra. Ma mère les qualifiait de tapageurs et, de fait, ils se déroulaient dans un climat d'exubérance. En esprit, ils avaient un côté éminemment médiéval : des applaudissements invisibles, saluant la découverte que Harold et sa troupe de baladins étaient enfin de retour et que le banquet pouvait commencer. Dans mon enfance, ma mère et mon vrai père avaient beaucoup reçu à la maison. Grégaires et accueillants, leurs déjeuners, dîners et réceptions brillaient par leur effervescence. Mais créer une ambiance festive dans un restaurant était une tout autre affaire. Autour de Harold, ce qui dominait était le sentiment qu'on avait quelque chose à fêter, et celui de la bienvenue. En hôte généreux, il avait soin que le vin coule à flots et se préoccupait de chacun des présents.

Un souper tardif dans un restaurant chinois de Wardour Street, artère du West End associée au théâtre et au cinéma, est resté gravé dans ma mémoire. Je venais d'assister à mon premier opéra : *La Fille du Far-West* de Giacomo Puccini, avec dans le rôle principal masculin Plácido Domingo, grand amour musical de ma mère.

Nous avons fait notre entrée dans un restaurant surpeuplé comme il ne pourrait plus en exister au XXIe siècle. Le décor était minimal et l'éclairage orangé aussi peu flatteur que possible. Nous trouvâmes Harold en compagnie de neuf ou dix copains, tous engagés dans une conversation animée autour de verres de vin et de bière, de cendriers empilés et de quelques assiettes de chips à la crevette. Le groupe comprenait les acteurs Peter Eyre et Henry Woolf, la romancière Emma Tennant, le dramaturge Heathcote Williams, notre hôtesse du Dorset

Simone Warner et Dante, un de ses amis artistes peintres au caractère contrariant.

Après avoir décrit sa maison en Espagne et s'être plaint de ses maçons (« Ils mettent du sable dans les briques ! »), Dante nous révéla qu'il avait un poisson tatoué sur le pénis. « C'est, nous expliqua-t-il, pour les filles qui ne mangent pas de viande le vendredi. » Puisque cet énoncé n'appelait pas vraiment de commentaire, je m'empressai de changer de sujet pour vanter les mérites de Henry Woolf, ami d'enfance de Harold.

« Henry est formidable dans la nouvelle pub pour Schweppes », affirmai-je à la tablée. Des spots exceptionnels faisaient alors partie de la culture populaire britannique. Très « décennie du Moi » dans sa séduction fastueuse, Henry fut filmé lors d'un cocktail – une sorte de réunion de beautés – sur un plan rapproché qui le montrait suavement vêtu d'un complet du blanc le plus pur et d'une multitude d'écharpes nouées autour de son cou. Un verre à la main, son corps de freluquet étendu sur un sofa, il ronronnait : « On reconnaît un sale type à ce qu'il ne boit jamais de Schweppes. »

Bien entendu, j'adjurai Henry de répéter cette chute mémorable, et il s'exécuta brillamment, non sans nous gratifier du clin d'œil appuyé qui était sa signature. De même que tous les acteurs de son acabit, Henry répondait oui à toutes les propositions. Lui et son épouse Susan Williamson, elle aussi comédienne, avaient une famille à nourrir. Ils cachetonnaient donc dans les émissions pour enfants les plus regardées et dans d'innombrables rôles pour le théâtre et pour le cinéma, tout en travaillant à l'occasion avec de grands noms comme Peter Brook, Orson Welles et Laurence Olivier. Ils ont fini par s'établir au Canada, où Henry est devenu professeur d'art dramatique à l'université du Saskatchewan.

Harold et lui se connaissaient depuis les bancs du lycée où, dès leur douzième année, ils avaient appartenu à la même bande de copains. Imitateur accompli, ses mimiques parfaites faisaient s'esclaffer tout le monde, en particulier ma mère. D'avoir connu Harold avant la gloire, Henry pouvait le taquiner et s'autoriser des libertés.

Harold pouvait s'en irriter – « HENRY ! » s'écriait-il alors –, car il était impatient de voir un visage plus sérieux en son érudit d'ami. C'était Henry qui lui avait commandé sa première pièce, *La Chambre*, quand il étudiait les arts du théâtre à Bristol. Cette production de 1957 avait fait partie intégrante de son programme de fin d'études. Harold prétendait qu'il lui avait fallu quatre jours pour écrire son texte, alors que dans le souvenir de Henry, il ne lui en avait demandé que deux.

Avant Bristol, Henry, enrôlé dans la RAF, y avait été harcelé et tyrannisé. Sur ce sujet, Harold refusait d'entrer dans les détails : tout cela le mettait trop en colère. Il ne voulait pas que le nom de son vieil ami fût lié à une clique de salopards sadiques et antisémites, qui s'en étaient pris à lui en raison de sa petite taille et de sa confession religieuse. Par bonheur, Henry appartenait à la race des survivants durs à cuire.

C'est en ce soir de juin, dans le restaurant chinois, que j'ai vraiment fait la connaissance de Henry. Nous étions en 1977, à la veille du jubilé d'argent de la reine. Tout le monde avait des raisons de fêter cet événement national, excepté si l'on était Heathcote Williams, l'anarchiste de service. Heathcote avait imprimé une affiche sur fond argenté où il avait superposé la tête couronnée d'Élisabeth II à un torse nu féminin. Tous les convives avaient ri quand il l'avait déroulée, car il savait charmer tout le monde, à commencer par les femmes. Il y parvenait grâce à son mélange de confiance en lui outrecuidante et de polissonnerie, associé à un physique de diablotin et à une chevelure explosive.

Attendu que ce jour-là je m'étais plantée devant Buckingham Palace pour agiter mon drapeau en nylon au passage du carrosse royal tout brillant de ses dorures, je décidai d'attaquer Heathcote bille en tête. « Dis-lui ce que tu penses », m'avait murmuré Henry. Cela m'aidait qu'il m'encourage. « Qu'en penseraient vos enfants ? » commençai-je, montrant l'affiche. Heathcote fit une de ses grimaces habituelles. « Je doute, dit-il, que China en prendrait ombrage. – *China ?* La Chine ? » répétai-je. Impossible qu'il fût aussi présomptueux. « China est le prénom de ma fille », expliqua Heathcote, poussant de côté un Dante déjà contrarié.

Harold avait été le premier à se faire le champion de Heathcote. Il lui avait demandé d'écrire une pièce courte pour un programme en deux volets qui serait donné au Traverse Theatre d'Édimbourg. Jouée avec celle de Harold, *Les Nains*, elle devait plus tard se transformer en une autre : *The Local Stigmatic* [*Le Stigmatisé du quartier*], qui a inauguré la saison du Royal Court en 1966.

Néanmoins, au début des années soixante-dix, Harold avait un temps coupé les ponts avec Heathcote quand celui-ci avait fondé une agence immobilière, la *Ruff Tuff Cream Estate Agency*, qui prêtait son concours aux squatteurs pour s'installer dans les maisons d'autrui. Une telle initiative heurtait son sens de la justice. Heathcote, un privilégié qui avait raccourci son patronyme prestigieux et fait ses études à Eton, la *public school* pour garçons la plus huppée du Royaume-Uni, saccageait l'existence de citoyens convenables et honnêtes.

Selon Harold, une maison appartenait à son propriétaire, et il était de première importance que chacun respecte les lois élémentaires du civisme. C'étaient ces lois qui fondaient et protégeaient la civilisation. Tout le monde de Harold tournait autour de cette notion : le respect de l'autre. Et sur ce point, il pouvait se montrer prompt à la détente, comme l'illustre un incident survenu en 1963. On était au début de juin et Harold avait emmené sa femme et son fils en vacances à Rome. Au moment où ils se disposaient à sortir dîner, leur babysitter était arrivée, en larmes. « *Il papa è morto, il papa è morto !* » répétait-elle entre deux sanglots. Croyant que son père venait de rendre l'âme, Harold avait aussitôt appelé la réception de l'hôtel, consterné que la jeune femme fût obligée de travailler. « Non, non, *signor* Pinter, c'est le pape [Jean XXIII] qui vient de mourir au Vatican, lui avait calmement expliqué le réceptionniste. *Il papa*, c'est notre pape, pas notre père ! » Quand Harold racontait cette histoire, il le faisait par autodérision.

À l'instar de mes deux parents, Harold croyait dur comme fer au devoir de payer ses impôts. Il y voyait même une de ses raisons de vivre. Une fois, un ami de la famille lui avait fait une proposition – un plan d'évasion fiscale présenté en termes châtiés –, mais il avait repoussé cette idée. Reconnaissons-le : dans la seconde moitié des années soixante-dix, quand il ne lui est plus resté grand-chose (pour les plus hauts revenus, le taux d'imposition pouvait alors atteindre 98 pour cent), il a bien songé à s'expatrier en Irlande, car ce pays offrait une protection fiscale aux artistes confirmés. Au lieu de quoi, il a voté pour l'accession au pouvoir d'un gouvernement tory, ce qu'il devait décrire plus tard comme « le pire moment de ma vie ». Mais grâce à Nigel Lawson, le chancelier de l'Échiquier de Margaret Thatcher, les impôts sont devenus moins confiscatoires et tout à coup, dans les maisons aisées, le champagne a commencé de couler à flots.

Harold s'est toujours gardé comme de la peste d'entrer dans les combines fiscales de Sam Spiegel : c'étaient les affaires du producteur, son *modus operandi*. Néanmoins, ces manœuvres pour payer le moins possible ne manquèrent pas d'être évoquées après que Sam m'eut emmenée applaudir Yul Brynner dans *Le Roi et moi* au théâtre Palladium de Londres. Cette production, qui répétait la prestation oscarisée de Brynner pour le cinéma, se jouait depuis des mois à guichets fermés, mais Sam avait réussi l'impossible : se procurer des billets pour une représentation en matinée. Le spectacle fini, il m'entraîna en coulisse pour faire la connaissance du majestueux mais absolument glacial Mr Brynner. Un vrai « M. Moi », sans qu'il fût besoin de parler de la décennie.

À mon retour, préférant pardonner et oublier cette extrême froideur, je racontai mon expérience. Ma mère était tout ouïe, car on parlait de Yul Brynner comme d'un grand parmi les grands. « Est-ce qu'il est aussi beau dans la vie qu'à l'écran ? » me demanda-t-elle. Mais Harold ne voulait pas entendre célébrer le personnage, car, déclara-t-il, Brynner était un fraudeur aussi invétéré que son acolyte Spiegel. Ma mère et moi nous insurgeâmes quelque peu contre ces propos rabat-joie. « C'est un immense acteur hollywoodien, Harold », protestai-je.

Il nous révéla ensuite que Brynner avait fait licencier un accessoiriste du Palladium sous prétexte qu'il sifflotait dans les coulisses. Viré sans le moindre avertissement préalable, à la grande indignation de Harold. Inouï dans le West End, cet abus de pouvoir éhonté doucha mon enthousiasme. La conduite de Yul Brynner confirmait le fait que l'admirateur le plus heureux est celui qui ne rencontre jamais son idole.

MON PREMIER FAN DE PINTER

Pour mon quatorzième anniversaire, Harold me fit cadeau d'une poupée de chiffons représentant un garçon. Avec ses grands yeux en feutrine et sa tignasse de cheveux faite de cordonnets de laine noire, c'était mon double au masculin. Comme son costume en velours prune et sa chemise à fanfreluches me faisaient penser à un personnage de ballet, je l'appelai Rudolf, du nom du grand Noureev.

Rudolf et moi avons été pris en photo devant la maison de Launceston Place. Sur cette image, je souris, mais mon bras est en écharpe à la suite d'une bagarre de chiens dans les jardins de Kensington. Figaro, notre épagneul, avait cherché querelle à un congénère plus grand et, en m'interposant pour séparer les combattants, je m'étais fait mordre à la main. Les choses étaient allées de mal en pis, et de pis en plus bizarre, quand la morsure s'était infectée, car l'étudiante-infirmière avait omis de bien la nettoyer. S'était ensuivi un séjour d'une semaine dans une clinique privée de Windsor, à l'ouest de Londres. Cette hospitalisation n'avait strictement rien de nécessaire : une coûteuse toquade aux frais de la Bupa, l'assurance médicale britannique.

Une semaine entre les mains d'un certain docteur Harrison. Très éloigné du crapaud ravisseur du conte de Hans Christian Andersen, c'était un homme court sur pattes mais propret, aux cheveux blancs et aux yeux bleus. Par-dessus ses vêtements, il portait une blouse blanche immaculée. Mais ce qui produisait un effet était sa voix. Douce, elle m'interrogeait gentiment. Toutefois, il semblait fasciné par tout ce que je pouvais lui apprendre sur Harold. Il recueillait la moindre bribe d'information comme une perle de sagesse. Tombée d'une bouche d'un rose nacré, sa chute était lente et gracieuse et il la saisissait au vol d'un geste léger.

Tout avait commencé par la livraison d'un bouquet. « Ces fleurs sont un envoi de Mr Harold Pinter », m'annonça le médecin. Cette gerbe printanière – des freesias couleur du lilas, des roses d'une nuance poudrée, des tiges de ce gypsophile blanc qui était une des calamités de l'époque – me fut apportée dans les règles d'un cérémonial solennel. Comme il en était coutumier, c'était Harold en personne qui l'avait commandée chez le fleuriste. J'en babillai à n'en plus finir sur ses attentions et sa délicatesse, dont Rudolf, que je brandissais, me semblait un autre exemple.

Après l'arrivée du bouquet, le docteur Harrison prit l'habitude de s'asseoir au bout de mon lit après la tombée de la nuit. Il me posait quelques questions rapides sur l'état de ma main avant d'aborder le sujet qui le captivait : Harold. Pour commencer, il me questionna sur ses habitudes d'écrivain. Je lui parlai des grands feuillets jaune paille pour documents juridiques et des stylos verts Pentel. Puis, comme si un barrage avait cédé, j'en vins à laisser se déverser un flot de paroles. Aucune de mes compagnes d'école ne s'intéressait le moins du monde aux détails de la vie de Harold, de sorte que j'étais ravie de jacasser sur son lien privilégié avec le National Theatre, sur les autographes de stars qu'il me rapportait ou sur sa mise en scène sur Broadway des *Innocents,* adaptation pour la scène du *Tour d'écrou,* la nouvelle fantastique de Henry James.

Le docteur Harrison désirait en savoir plus sur les relations de Harold avec le dramaturge Simon Gray. Extrêmement proche de lui tant sur le plan personnel que professionnel, Harold avait mis en scène la plupart de ses pièces. « Ils jouent au cricket ensemble et ils se retrouvent souvent pour déjeuner », révélai-je. Je n'en savais pas davantage. Le médecin voulut que je lui dise le nom de leurs restaurants préférés. Et puis, étaient-ils membres du Garrick Club, avec son bar où les hommes de théâtre aimaient se retrouver pour boire ? Sa question me dérouta. Le Garrick, son bar ? Le seul club dont j'avais entendu parler était le White's : celui de mon père, totalement snob.

En 1975, mon geôlier avait vu *Otherwise Engaged* [*Déjà pris ailleurs*], de Simon Gray. Cette comédie noire tourne autour du personnage d'un éditeur londonien, Simon Hench, qui semble d'abord charmant et attentionné avant qu'on ne découvre qui il est en réalité : un narcissique au cœur glacé. Mise en scène par Harold, avec Alan Bates dans le rôle principal, la pièce avait fortement impressionné le docteur Harrison.

Afin d'aviver encore son intérêt, je lui parlai de la production new-yorkaise d'*Otherwise Engaged*, pour laquelle Tom Courtenay avait remplacé Alan Bates. Je la lui décrivis comme un triomphe de la saison théâtrale de Broadway. Je n'exagérais rien, me bornant à répéter ce que m'avait narré ma mère dans ses lettres hebdomadaires écrites sur le papier à lettres de l'hôtel Carlyle. Vif était mon plaisir de pouvoir me dorer au soleil de cette attention.

Rien de désagréable ne se produisit, excepté quand le docteur Harrison entreprit de découdre les points de suture de ma blessure. Naturellement, c'était en raison de l'infection de la morsure qu'il m'avait gardée dans sa clinique. L'instrument qu'il choisit pour procéder était une sorte de longue pince à épiler en acier inoxydable, extrêmement acérée. Des années plus tard, la découverte des araignées de la sculptrice Louise Bourgeois devait faire remonter ce souvenir à la surface.

Au bout de trois jours, je me demandai si tout cela était normal et, sans avoir l'air d'y toucher, j'exprimai mon inquiétude sur sa conduite. Si désinvolte était ma voix que ce qui m'alarmait passa au-dessus de la tête de mes parents. « Les médecins s'y connaissent mieux que nous » : en règle générale, c'était ce qu'on pensait. Pour preuve de l'innocence qui prévalait en ces années, on avait confiance en l'autorité médicale comme on avait confiance en la police. Rien n'était remis en question.

Tout se passait comme si je séjournais dans un hôtel trois-étoiles, à ceci près que j'étais prise au piège. Enfermée dans le repaire du bon docteur Harrison, et lisant à bride abattue des romans un brin longuets comme *Autant en emporte le vent.* Les visites quotidiennes de mes parents et amis me donnaient l'impression d'être une personne exceptionnelle. Arborant ma longue chemise de nuit blanche comme neige et ornée de bandes de broderie anglaise à l'ancienne mode, je les recevais avec pompe.

Usant d'un langage militaire, le médecin finit par parler à mon père, qui hocha lentement la tête, la baissa et regarda le bout de ses souliers. Cette attitude de Poppa m'était connue. Les mots lui entraient par une oreille et ressortaient par l'autre. La porte refermée, mes frères Benjie et Orlando et lui dansèrent autour de mon lit. Espiègles. Bondissants. Puis Poppa s'assit un moment et croqua mon visage dans un style de bande dessinée.

Ma mère et le docteur communiquaient en permanence. Méthodique, elle tenait à suivre pas à pas ma guérison. Pas question d'en ignorer le moindre détail. Et quand Harold et elle me rendaient visite, elle acceptait de bon gré que le médecin s'attarde dans ma chambre. Pas Harold. « Merci, docteur », disait-il d'un ton brusque. Percevant un signal, Harrison s'éclipsait.

Cette nuit-là, il posa les yeux sur les romans que ma mère avait laissés sur la table de nuit, tels *Anna et Mr God* ou *La Foire aux vanités.* Prenant mon flacon de parfum Miss Dior, le docteur en examina le bouchon, portant les initiales CD. Et comme si son comportement n'était pas assez bizarre, il aborda un nouveau sujet : la relation entre ma mère et Harold. La famille de maman s'entendait-elle avec lui ? Je me demandai où il voulait en venir jusqu'à ce qu'il prononce les mots « différence de classe ». Dans ma tête, l'alarme retentit. Mais, victime de mon éducation, je fus incapable de lui répondre vertement. Seuls les mal élevés et les mal vus le faisaient. Heureusement, le lendemain matin, le docteur Harrison sonna la fin de l'alerte : mon infection était jugulée. On recousit ma blessure et on me plâtra le bras sous anesthésie générale, ce qui semble étrange aujourd'hui.

Dans mon journal, je parle du docteur Harrison comme d'un chirurgien esthétique. « Quel chouette médecin ! ai-je écrit avec un peu d'exubérance après la première consultation. Il m'a promis que dans un an, il ferait presque entièrement disparaître ma cicatrice. » Mais cette disparition ne devait jamais advenir. À en juger par la balafre blanche à peine atténuée au bout de quarante-cinq ans, le docteur Harrison ne connaissait pas grand-chose à la chirurgie plastique. Pour preuve, cette marque de morsure, assez courte et entrecroisée, où reste bien visible le dessin des points de suture.

Comme on sait, le mot « fan » est l'abréviation de « fanatique ». Avec le docteur Harrison, j'ai fait l'expérience d'une première rencontre avec un fan fervent de Pinter.

CHAPITRE HUIT

Retour à Campden Hill

Au bout d'un intervalle de deux années, ma mère est revenue habiter notre maison familiale de Campden Hill Square, accompagnée de Harold. Ce jour-là fut comme un Noël, bien que le calendrier indiquât le 12 août 1977. Dans mon journal, j'écrivis : « Maman est de retour et, dans sa tête, les idées nouvelles se bousculent. J'ai choisi avec elle un nouveau papier peint pour la salle à manger, d'un très joli rose de papier buvard. »

Certaines maisons semblent choisir leurs occupants, puis les pleurer quand ils s'en vont. Vidée et comme endeuillée, celle de Campden Hill broyait du noir. Le départ de ma mère avait été si dramatique ! L'abandon, la mélancolie s'étaient enfermés entre ses vieux murs. Telle une maison de poupée géorgienne, Campden Hill avait besoin d'être remplie avec amour. Et à la suite de l'accord à l'amiable entre mes parents séparés, elle pouvait l'être et le serait. En échange, mon père récupérait notre maison de vacances en Écosse.

Harold était conscient de l'importance de Campden Hill. Toute la disposition du lieu avait manqué à ma mère : l'escalier, les paliers, les chambres, mais aussi les jardins de devant et derrière qu'elle avait dessinés et plantés. Harold poserait ses malles où mon père avait vécu, mais, par la suite, je n'en ai jamais eu le sentiment. À mes yeux, leur histoire d'amour procédait dans la demeure à un grand nettoyage de printemps des émotions et des affects.

Parfois, on faisait en passant une allusion à Hanover Terrace, l'ancien domicile de Harold. Dans ce vaste et élégant hôtel particulier de style Régence, il avait longtemps habité avec sa femme et son fils. Dessiné par John Nash, l'architecte le plus en vogue au tournant du XIXe siècle, ses pièces étaient assez spacieuses pour contenir une table de ping-pong et plusieurs autres à-côtés. Mais dans l'ensemble, Harold n'en parlait que rarement. Sauf pour raconter l'histoire de sa pendaison de crémaillère. Il avait invité à la fête les ouvriers qui avaient restauré la bâtisse. Une catastrophe. Saouls à ne plus tenir debout, ils avaient fini par se répandre en injures contre ses amis et lui.

Histoire de célébrer leur première soirée à Campden Hill, Harold et ma mère nous convièrent « à un merveilleux dîner au Trattoo », comme je l'écrivis au retour dans mon journal. À deux pas de Kensington High Street, c'était le restaurant italien le plus haut de gamme du quartier. Reflet de la période des années soixante-dix, ses murs étaient en miroirs autour de palmiers en pot et de profonds fauteuils en cuir.

Soucieuse de me montrer à la hauteur, je nouai mes cheveux en chignon derrière ma tête et arborai ma longue robe blanche. Plus adaptée au climat d'une pièce de Tchekhov qu'à celui de Londres au mois d'août, elle s'ornait d'un jabot en dentelle, d'un gros nœud au bas du dos et de manchettes évasées aux poignets, en dentelle aussi. Dans la même humeur enthousiaste, je sélectionnai sur la carte le *pollo sorpresa,* un de mes plats préférés. Il me semblait marrant de piquer ma fourchette dans la chair pâle de mon blanc de poulet en regardant le beurre manié à l'ail fondre et former une flaque jaune sur le fond de mon assiette.

À la maison, les ingrédients pour préparer les repas n'avaient rien de recherché. Je m'entends encore demander : « Qu'est-ce que c'est, un artichaut ? » C'était la première fois qu'on nous servait cette entrée. On n'employait l'huile de maïs ou le beurre salé que pour frire les aliments. L'huile d'olive était inconnue. Ou plutôt non : sa couleur verdâtre la rendait suspecte. Tout avait le goût de sucre ou de sel, de beurre, de farine ou de crème. Le dessert que je commandai en ce soir d'été au Trattoo était un *sponge cake,* ou gâteau éponge, « richement aromatisé à la vanille », suivi de petits-fours absolument délicieux. Le *tiramisù* n'avait pas encore abordé aux berges de la Tamise.

Au retour, notre belle humeur ne retomba nullement, car nous regardâmes tous ensemble *Une nuit à l'opéra*, le chef-d'œuvre burlesque des Marx Brothers. Non sans éclats de rire sonores quand on apporte à Groucho l'addition du restaurant et qu'il lance à sa blonde invitée : « Neuf dollars et quarante cents ? Un scandale ! À ta place, je ne paierais pas ! » La cocasserie de Groucho plaisait beaucoup à Harold. Parfois, il citait sa devise : « Pas question d'entrer dans un club qui veut m'accepter pour membre. »

Les premières années, Harold avait coutume de nous projeter dans notre maison de Campden Hill les films dont il avait écrit le scénario. D'abord, ce fut *Le Secret du rapport Quiller* (1966), son premier et unique film d'espionnage. Le visionnage eut lieu dans le salon. Une fois la pièce débarrassée, il accrochait et déroulait l'écran devant une des portes-fenêtres aux rideaux tirés. Non sans quelques faux départs, il glissait une bobine dans l'appareil et tentait de la faire tourner. Quand il y était parvenu, je me sentais grandement soulagée car, dans notre famille, on manquait désespérément de sens pratique, même si l'on prétendait le contraire.

Dans mon enfance, lors de mes fêtes d'anniversaire, une projection s'imposait, avec tout le savoir-faire d'un technicien professionnel. Après avoir dégusté mon gâteau glacé, mes compagnes et moi nous asseyions sur la moquette en rangées bien ordonnées de petites écolières policées, ouvrant grands les yeux pour fixer l'écran. Plus tard, avec Harold, ce fut tout différent. Un verre de vin à la main, nous nous étalions sur la longue ottomane, les jambes allongées devant nous.

Le Secret du rapport Quiller s'était avéré glaçant en raison du décor de bâtiments délabrés du Berlin-Ouest de l'après-guerre, des ombres et des bruits de pas. À la fin, je priai Harold de me parler des acteurs, en particulier de George Sanders, un de mes préférés depuis que j'avais vu l'*Ève* de Joseph Mankiewicz. À ma déception, il me révéla n'avoir jamais été invité sur le tournage. Étonnant ! Mais le producteur Ivan Foxwell avait fait appel à lui pour l'écriture du scénario, point à la ligne.

Rien à voir, bien entendu, avec la collaboration étroite entre Harold et Joseph Losey, d'abord sur *The Servant* (1963), puis sur *Accident* (1967) et enfin sur *Le Messager* (1971). Pour les deux premiers, la projection eut lieu dans le « super-study » : ainsi ma mère appelait-elle le pavillon que Harold avait acheté au bout de notre jardin pour en faire son bureau. Décoré par Diana Phipps (la reine des tissus agrafés), l'endroit était assez petit et construit sur deux niveaux : celui où il écrivait et celui de son assistante. On y trouvait des éditions de ses pièces ainsi que ses prix littéraires.

Pour ces soirées de cinéma pinterien, le rez-de-chaussée carrelé était en grande partie vidé pour laisser la place à des chaises pliantes de table de bridge. Durant la projection de *The Servant*, il y eut un concert de cris quand Harold apparut à l'écran dans le petit rôle d'un jeune snobinard des années soixante. Mêmes cris au cours de celle d'*Accident*, où il jouait Mr Bell, le producteur de télévision.

Comme j'avais déjà vu les deux films, souvent diffusés sur les chaînes de la BBC, ils m'impressionnèrent moins que *Le Mangeur de citrouilles*, de Jack Clayton (1964). Adapté du roman de Penelope Mortimer, où elle décrit la désagrégation de son mariage, il est d'une crudité qui reste très actuelle. Cette fois, Harold était présent sur le tournage, ce qui avait conduit à un échange fameux avec l'actrice Anne Bancroft. « Je n'arrête pas d'avoir envie de coucher avec tout le monde », lui avait-elle annoncé. L'histoire s'était arrêtée là.

Parmi la dizaine de grands classiques qu'il nous a fait visionner, le plus important pour Harold et le plus cher à son cœur était *Huit heures de sursis*, réalisé par Carol Reed (1947). Vu comme un des meilleurs films sur les « troubles » en Irlande du Nord, Harold était très impatient de nous le faire découvrir. Il adorait l'acteur Robert Newton dans le rôle de Lukey, le rapin excentrique. Le souvenir de l'œuvre est aussi un élément clef de sa pièce *C'était hier*. Ses personnages énigmatiques, Kate, Deeley et Anna, ne s'accordent que sur un point : tous ont vu *Huit heures de sursis* dans un cinéma pouilleux d'une obscure banlieue de Londres. Il y a aussi cette phrase dans la bouche de Deeley : « Donc, c'est Robert Newton qui nous a réunis et il n'y a que Robert Newton qui puisse nous séparer. »

Au terme de la projection, une discussion sur Newton ne tarda pas à s'engager. Assez oublié aujourd'hui, celui-ci avait quelque chose d'un Raimu à la mode britannique. Pour donner une idée de sa popularité, dans les années quarante et au début des années cinquante, il était admiré à l'égal d'un Errol Flynn. Son premier grand rôle lui avait été confié par Hitchcock dès la fin des années trente, dans *L'Auberge de la Jamaïque*, mais ce sont ses incarnations de Bill Sikes dans l'*Oliver Twist* de David Lean et de Long John Silver dans *L'Île au trésor* de Byron Haskin qui ont établi sa réputation.

Sa voix tonnante, les roulements de ses yeux noirs ont enchanté les garçons de la génération de Harold. Naturellement, Hollywood l'a kidnappé. La faute aux grands argentiers des studios californiens... et aux pensions alimentaires qu'il devait verser à ses quatre ex-femmes. Mais Newton savait conjuguer la science de l'art dramatique à un charisme naturel, comme on s'en aperçoit dans le fameux *Barbe-Noire le pirate*. À la différence de Flynn, son talent ne consistait pas à jouer les fiers-à-bras en brandissant une épée. En alcoolique chronique, Newton était à son meilleur dans les scènes les plus immobiles. Intrigant ou conspirateur, sa présence à l'écran exerçait une magie : il possédait le don exceptionnel de se montrer tout à la fois surprenant et irrésistible.

Innombrables sont en revanche les témoignages sur sir Ralph Richardson, un grand ami de Harold. Il a partagé la vedette avec Michèle Morgan dans *Première Désillusion*, autre film de Carol Reed. De même que *Le Troisième Homme, Première Désillusion* est adapté d'un roman de Graham Greene, également auteur du scénario. Moins connu que certaines autres œuvres du cinéaste, chacune de ses scènes était connue de Harold. « Regarde le travail de la caméra ! » m'enjoignit-il quand l'objectif balaya le salon d'accueil de l'ambassade de France à Londres. Il attira aussi mon attention sur l'expression cynique du jeune Philippe de huit ans, sur laquelle se clôt le film. Un coup d'œil suffit pour comprendre la soudaine maturité de ce fils d'ambassadeur.

Aux yeux de Harold, sir Ralph faisait partie des acteurs inattaquables. Comme se le rappelleront les connaisseurs de l'œuvre de Pinter, c'est lui, avec sir John Gielgud, qui a créé *No Man's Land* en 1975. Cette pièce – un succès monstre ! – a d'abord été jouée à l'Old Vic avant d'être reprise dans le West End, au Lyttleton Theatre, salle de la compagnie du National Theatre. Ont suivi un transfert de la production sur Broadway, unanimement acclamé, puis un retour pour de longs mois au Lyttleton.

Mise en scène par Peter Hall, je me désole encore de ne l'avoir jamais vue. Bien sûr, j'ai entendu le récit de petits drames. Parfois, sir Ralph se trompait dans son texte – ce qu'avec d'autres acteurs Harold ne tolérait pas. Mais je l'imagine venant lui présenter ses excuses : « Écoute, mon vieux… » Et Harold, j'en suis convaincue, se montrait compréhensif.

Sir Ralph était un monsieur guilleret, qui se plaisait au badinage alléchant bien qu'inoffensif. Lors de notre première rencontre, il n'hésita pas à me prendre la main et, ouvrant tout grands les yeux, à s'adresser à moi en m'appelant sa « petite amie ». Des « petites amies » à lui, il y en avait certainement beaucoup, mais y penser semblait hors de propos. Difficile, en somme, de ne pas tomber d'accord avec sir John Gielgud, pour qui sir Ralph était « un esprit rare » qui « éclatait de vitalité, de curiosité et d'humour ».

Pourtant, il arrivait qu'en certains endroits du *Ralphdom* – mon mot inventé pour désigner son univers, comme on dit *dukedom* pour « duché » –, des désastres se produisent. Harold racontait que la passion de sir Ralph pour les pétards et les fusées avait eu pour effet d'incendier les rideaux de la maison nouvellement redécorée de Laurence Olivier et de sa femme Vivien Leigh, à Belgravia. (« *Whoosh !* » avait fait Harold, imitant la montée des flammes d'un grand geste de la main.) Et peu de temps après, à la plus grande horreur du couple, sir Ralph avait recommencé à Tickeridge Mill, leur manoir dans l'ouest du Sussex. Cette fois encore, une étincelle avait mis le feu aux tentures de son lit à baldaquin. Des ravages et encore des ravages.

Invitée à une réception à l'occasion de Noël chez sir Ralph et « Mu », son épouse (l'actrice Meriel Forbes-Robertson), je n'eus pas l'heur qu'il me présente à son furet de compagnie, et aucun perroquet ne vola dans le salon. En revanche, l'acteur apparut tenant un casque de moto : « un autre invité », nous dit-il pour souligner son importance. De fait, on m'avait montré certaines photos de sir Ralph – soixante-quinze ans à l'époque – conduisant une moto énorme, filant entre les bus de Londres et slalomant dans la circulation. Quand on y pense, comment s'étonner que le *Ralphdom* ait subjugué Harold ?

LA CLOCHE À FROMAGE WEDGWOOD

Dans la maison de Campden Hill, la présence de Harold reste extrêmement vivante. Outre la profusion de livres et toutes les photos encadrées, on ne peut manquer dans le hall son portrait de la main de l'artiste Anthony Dufort ou, près de l'entrée, la jolie fenêtre en vitrail figurant des joueurs de cricket, non plus que la cloche à fromage en porcelaine de la maison Wedgwood qui trône dans la salle à manger. Fidèle témoignage des mœurs domestiques au XIXe siècle, cette cloche peut sembler au néophyte un brin saugrenue, mais qu'on ne s'y trompe pas : elle est profondément Harold.

Datant des années 1860 et dessinée par Dudson, grand céramiste de Hanley (un des berceaux de la faïence anglaise), elle est bleue, dans la plus pure tradition de la manufacture Wedgwood : celui qu'on appelle « bleu de jaspe ». D'un poids d'environ trois kilos, elle est aussi lourde que victorienne. Des personnages néoclassiques en léger relief blanc cassé dansent en cercle autour de la coque et des glands de même nuance décorent la base et le sommet.

La dimension de cette cloche à fromage opulente méritait un bon vieux stilton des familles britanniques comme on en fait depuis la nuit des temps : un de ces gros cylindres qu'on sert à la Noël. Haute d'une vingtaine de centimètres, elle le contiendrait aisément. Mais Harold ne mangeait que du port-salut. On ne manquait jamais de trouver sous le dôme bleu ciel un grand triangle de son fromage préféré.

Tard le soir, à la maison, ses amis ripailleurs se régalaient de bon cœur, mais il était entendu que le fromage au lait entier des bons moines du pays d'Anjou leur passerait sous le nez. Pas de discussion : c'était celui de Harold. Dans le réfrigérateur, ils prenaient tout ce qu'ils voulaient : côtelettes froides, haricots verts et même les restes d'un gâteau d'anniversaire. Mais le port-salut, pas touche.

À la fin du déjeuner, on entendait Harold soulever la cloche Wedgwood (car elle éveillait dans la pièce un léger écho cristallin) et s'en découper une part. Le couteau à fromage tranchait la croûte épaisse et orangée du port-salut bien fait, puis il plaçait la portion au milieu de son assiette. À côté, il y avait une corbeille de pain complet tranché et des crackers Matzo, dans une boîte blanche couverte de mots en hébreu. Ainsi se terminait son repas de midi.

CHAPITRE NEUF

Les Dents de la mer, *Bob Shaw et Daniel*

Pour les fêtes de fin d'année de 1975, *Les Dents de la mer* était le film qu'il fallait voir. Telle était l'habitude à Londres : à l'approche de Noël, un *blockbuster* hollywoodien, pareil à une déferlante inondant les chaînes de radio et les programmes télévisés, se voyait porté au pinacle en tant que divertissement idéal pour les familles. À ma stupéfaction, Harold nous accompagna au cinéma Odeon, salle immense et luxueuse sur Leicester Square. Assis à côté de nous, un homme nous fit des histoires : il redoutait qu'Orlando, mon petit frère de huit ans, ne s'effraie de certaines images et ne lui gâche sa soirée par ses cris. Calme, Harold lui promit que le gamin se tiendrait coi. Son ton empreint d'assurance cloua le bec au râleux, et ainsi l'honneur de mon cadet fut-il préservé. Celle que le film terrifia fut ma mère, comme le montrèrent ses efforts éperdus pour nous couvrir les yeux avec sa main.

Au sortir du cinéma, quand je fis l'éloge du grand monologue du comédien Robert Shaw, qui incarnait le chasseur de requins (un moment de cinéma mémorable), je découvris que « Bob » Shaw faisait partie des plus vieux amis de Harold.

Broadway l'avait applaudi dans *Le Gardien* et dans *C'était hier,* et Harold lui-même avait mis en scène sa pièce *The Man in the Glass Booth* [*L'Homme dans la cabine en verre*], dont le protagoniste, un juif multimillionnaire rescapé des camps de la mort, se fait passer pour un criminel de guerre nazi et, enlevé par le Mossad, finit jugé par un tribunal israélien.

Dix-huit mois plus tard, nous avons passé quelques jours au domicile irlandais de Bob Shaw. Il y avait là Jay, sa compagne et son ancienne assistante, ainsi que ses dix enfants. Expatrié pour échapper au fisc, sa maison se trouvait près de Tourmakeady, un village du Connemara d'une beauté surnaturelle, renommé pour sa haute cascade et la splendeur de ses rivages. Bob revenait tout juste d'une tournée de promotion de son dernier film, *Les Grands Fonds,* adapté (comme *Les Dents de la mer*) d'un best-seller de Peter Benchley, où il interprétait le rôle principal masculin. Souffrant du décalage horaire, notre hôte buvait matin, midi et soir. Son comportement complaisant portait sur les nerfs de Harold. Il n'était pas dans sa nature d'attendre.

À l'instar d'autres acteurs menant le même genre de carrière – Richard Burton, Richard Harris, Peter O'Toole... –, Bob tenait ses films commerciaux pour indignes de son talent. Chaque fois qu'il les acceptait, ces rôles se révélaient une épée à double tranchant : bien qu'il eût grand besoin des cachets hollywoodiens, profonde était son amertume. En conséquence, il accusait Harold de manquer de respect pour son art. Un dédain purement imaginaire.

Lors de ce séjour, Harold, de toute évidence, s'est senti jour après jour pris au piège. Qu'on imagine un lion sorti rugissant de sa cage. Bob éclipsait Harold qui, en matière de charisme, n'avait pourtant rien du premier empoté venu. Éclatant d'une intelligence où affleurait la menace, Bob était le théâtre incarné – mais le théâtre avec tous ses périls. Tel un artificier dont on eût remplacé les doigts des mains et des pieds par des bâtons de dynamite.

Enchantée d'être réunie à la kyrielle d'enfants de la maison, ignorée la plupart du temps, je me suis contentée d'observer. Excitable et batailleur, Bob Shaw faisait partie des vraies étoiles du septième art. Armé d'un talent phénoménal, l'immense éventail de ses rôles comprenait un « méchant » de James Bond dans *Bons baisers de Russie,* Henri VIII dans *Anne des mille jours* et un escroc du poker dans *L'Arnaque*.

Les liens sacrés du mariage n'avaient jamais empêché Bob de courir le guilledou et d'enchaîner les aventures galantes. Au dire de Harold, Mary Ure, la deuxième de ses épouses, avait un jour décidé de le prendre en flagrant délit. « Ta femme est dans la place ! » l'avait averti un papier hâtivement griffonné et scotché sur sa porte à l'hôtel. Par peur d'un constat d'adultère, Bob n'avait pas vu d'autre échappatoire que de se précipiter sous la douche tout habillé. Ce mariage explosif, Mary Ure l'avait décrit comme « une relation conjugale merveilleusement aimante et d'une grande combativité, aussi détestable aux autres qu'elle nous était agréable ».

Malheureusement, tout cela s'acheva en tragédie quand Mary fut retrouvée morte le soir de la première londonienne de *L'Exorciste*, le 1er avril 1975. Adapté du film pour la scène, Bob avait retrouvé le corps de la comédienne de quarante-deux ans seulement à leur domicile du West End. N'ayant cessé de se cogner contre les murs du décor de la pièce, sa peau était parsemée d'ecchymoses, de sorte que les policiers avaient conclu qu'elle avait succombé aux violences de son mari. Par chance, leur fils Colin était là pour témoigner. Pour finir, on attribua le décès à une surdose d'alcool et de barbituriques.

Dans la maison de Tourmakeady, Jay se montrait avec moi d'une gentillesse infinie et les dix enfants de Bob aussi accueillants que polis. Ils savaient s'amuser et amuser les autres. On organisait promptement des virées sur le bord de mer et, le soir, des parties de bridge. Cependant, une anxiété flottait constamment dans l'air, comme s'ils marchaient sur la pointe des pieds autour d'un géant assoupi.

Un jour, alors que nous nous apprêtions à déjeuner, nous entendîmes Bob hurler : « Ian, est-ce que tu t'es brossé les dents ? » Son fils de huit ans hocha la tête : bien sûr, il les avait brossées. Mais pour son père, ce n'était pas assez. « Viens ici, gronda-t-il, que je respire ton haleine. » Ce fut une scène pénible pour toutes les personnes présentes.

Ian était le portrait craché de sa mère – de Mary, il avait la blondeur et les yeux couleur de bleuet –, mais, avec son air piteux, il ressemblait à un chiot dont un étourdi aurait écrasé la patte. Moi qui avais vécu le harcèlement à la maison, j'en reconnaissais les symptômes. Quand, plus tard, il s'est endurci – « Je serai un homme comme mon père ! » –, j'ai senti sa fierté farouche minée par la fragilité. Enveloppée dans sa toile d'araignée. La toute dernière fois qu'il avait rencontré sa mère, celle-ci lui avait crié : « Ian, je ne veux plus jamais te revoir. »

La veille de notre départ, l'ami Bob, le soir venu, se montra comme par miracle complètement différent : à la fois affable et charmant. Bien qu'un peu sur la défensive, ma mère lui servit de parfait faire-valoir pour qu'il raconte ses histoires, et ainsi le spectacle put-il continuer. Mais grâce à ce changement d'attitude, les écailles me tombèrent des yeux, guérie par Bob et par ses sautes d'humeur. Sans irrespect, car je restais une enthousiaste du cinéma, mais brûlant moins de passion idolâtre. Je citerai Sue Mengers, célèbre agent d'artistes à Hollywood : « Il y a nous et il y a eux. » Par ce « eux », elle désignait ses clients les plus glorieux : Faye Dunaway, Jack Nicholson, Barbra Streisand. Elle disait vrai, mais accepter les comportements abusifs n'était pas dans mon caractère.

Je doute beaucoup que Harold aurait supporté sans broncher la scène du petit Ian. Il était parti avant nous en raison d'un problème lié à son fils de dix-neuf ans, Daniel.

On a écrit et supputé pas mal de choses sur la relation compliquée entre Harold et son fils unique. Avant tout, il convient de dire que mon futur beau-père a toujours fait de son mieux. J'en ai été témoin et je le reste. Il a tenté de l'aider par tous les moyens possibles.

À côté du téléphone dans le bureau de Harold, une photo les montrait tous deux en train de jouer au cricket.

Prise au milieu des années soixante, on y voit le père et le fils en caleçon de bain sur le terrain de jeu. À l'ombre des arbres feuillus, Daniel brandit sa batte et Harold s'apprête à lancer la balle. Même après leur brouille, la photo encadrée est restée à sa place. Par nostalgie d'un autre temps.

On a raconté qu'ils s'étaient fâchés parce que Harold avait quitté sa femme. Une ineptie pure et simple. S'il compatissait bien sûr au désarroi de Vivien Merchant, Daniel, lucide, savait aussi que sa mère était une personne fascinante mais perturbée. Actrice aux dons exceptionnels, aussi exaltée sur scène que devant les caméras, elle avait beaucoup de mal à affronter le quotidien et les contraintes de la vie ordinaire. Daniel se servait d'expressions comme « totalement dépendante » et « ne vivant et ne respirant que pour mon père ». Les nombreux voyages de Harold l'avaient moralement brisée. Quand il rentrait, elle pouvait se montrer acariâtre, voire méchante. Heureuse une minute, prostrée la suivante. Plusieurs années avant la rencontre avec ma mère, le couple Pinter vivait déjà sous tension.

Moi qui voyais en Vivien la redoutable Mrs Danvers de ce *Rebecca* moderne, j'avais prêté une oreille stupéfaite aux descriptions de Daniel. Dans la bouche de celui-ci, sa mère semblait enfantine. Insaisissable, séduisante mais par-dessus tout complètement désarmée. Un personnage de ballade triste. Jamais encore on ne m'avait parlé d'une personne dans l'âge adulte, *a fortiori* d'une actrice couronnée de nombreux prix, si triste et si accablée qu'elle passait ses journées couchée. « Mais est-ce qu'elle n'a pas une *carrière* ? » me récriais-je. Voilà quel était mon état d'esprit.

Élevée par une mère qui gagnait sa vie en écrivant et par une grand-mère et des tantes qui en faisaient tout autant, l'idée de tout envoyer promener parce qu'un homme vous avait quittée m'avait toujours été, même dans mon adolescence, résolument étrangère. Toujours possibles, les peines de cœur faisaient évidemment souffrir. Jusqu'au suicide professionnel ? Bien sûr que non. Pour une personne adulte, hors de question de toucher à l'indispensable indépendance. Vivien me faisait l'effet d'un saule balancé par le vent. D'une pauvre créature aux yeux toujours rougis.

Daniel me confia aussi que Vivien buvait beaucoup trop et ne pouvait s'en passer – sans employer l'adjectif « alcoolique ». La révélation me troubla. Dans mon esprit, c'étaient les hommes, un Robert Shaw par exemple, que la boisson rendait laids et odieux. Les femmes, non. Je supposais que l'alcoolisme était un travers masculin, tant il avait des effets... Eh bien, disgracieux. Avec des mots bienveillants, Daniel me fit comprendre à quel point j'étais naïve. Tel un sage, il m'écoutait sans porter aucun jugement. Libre à moi de penser à ma guise.

Ainsi lui avouai-je préférer Supertramp et Elton John à David Bowie. Reconnaître une telle préférence au milieu des années soixante-dix avoisinait le sacrilège : Bowie était le dieu incontesté de la pop. Et on se montrait tyrannique en matière de goûts musicaux. Une amitié pouvait s'aigrir jusqu'à la fâcherie définitive pour une querelle au sujet d'un album. Daniel, lui, doué en musique et *le* grand expert de Bowie, s'abstint du moindre reproche. Rien de mal, selon lui, à incliner pour Elton John : ce qui comptait, c'était de s'en ouvrir avec franchise.

Nos conversations se passaient dans la cuisine principale de la maison de Campden Hill. Daniel se préparait du thé. Tel son père, il procédait avec des gestes précis, prenant soin de bien éponger la plus petite éclaboussure. Pourquoi, lui demandai-je un jour sans prendre de gants, avait-il changé de nom pour se faire appeler Daniel Brand ? Il me répondit que Pinter était un nom trop insolite et, surtout, qu'il n'en pouvait plus des questions au sujet de son père. Je ne pus m'empêcher de rire, ce qui l'amusa. Son principal souci, celui qui le rongeait, était la chute de ses cheveux, de plus en plus évidente.

Optimiste comme toujours, je tentai de le convaincre que c'était sans importance, lui faisant valoir que la plupart des hommes dans ma famille maternelle étaient chauves ou au moins dégarnis. Je disais la vérité. Sans compter que son père à lui ne se signalait pas non plus par son abondance capillaire. Autre vérité. Mais Daniel s'était embarqué pour un voyage sans retour. Cet enfer qu'il s'était créé se révélait une situation inéchappable, et il semblait décidé à se persécuter tout seul. Une idée fixe : perdre ses cheveux faisait son malheur. Emprunter ce triste chemin aurait été tout à fait évitable, il ne s'agissait que de s'accepter. Mais Daniel se montrait accablé.

Toute adolescente que j'étais, ce que je cherchais à lui dire était ceci : « À quoi bon gaspiller tant d'énergie pour des vétilles ? » Selon moi, c'était idiot. « Idiot » : le mot que j'employais pour dénigrer l'apitoiement sur soi. Mais je me retins de formuler ma pensée. Comme beaucoup d'enfants uniques, l'idée que Daniel se faisait de lui-même demeurait impénétrable. Bien entendu, peut-être était-ce une façon de se protéger.

J'hésitais entre la commisération pour un jeune homme qui s'acculait lui-même et l'admiration sincère pour son refus du compromis. Issue d'une famille nombreuse, j'avais passé le plus clair de ma vie à me conformer aux besoins des autres. Du fait de sa complète indépendance, Daniel pouvait réfléchir avec une clarté cristalline, et ainsi aller au fond des choses. Lui possédait une vraie lucidité. Ceux qui posaient problème, c'étaient les autres. Daniel se singularisait. Et alors ?

Je lui parlai brièvement de Robert Shaw, mais ce fut à peine s'il me répondit. Son goût lui faisait préférer Donald Pleasence, l'acteur chéri de son enfance. Père de cinq filles, celui-ci possédait une vaste maison en Espagne où se réunissaient de grands noms de l'art dramatique de même sensibilité. De telles images évoquaient la décontraction et le bien-être. Bien que Pleasence eût convolé à cinq reprises, les échotiers avaient fort peu écrit sur sa vie privée. Son absence d'ostentation était flagrante. Dans la vraie vie, on rencontrait un personnage presque effacé. Puis les caméras filmaient, Pleasence ouvrait la bouche et tout changeait. Bien que confiné dans un même emploi, du moins à la fin de sa carrière, il était incapable de jouer la moindre fausse note. Et au théâtre, public et critiques voyaient en lui un virtuose.

Tout aussi connu dans les foyers que Bob Shaw, Pleasence, à l'écran comme à la scène, incarnait tantôt la victime et tantôt le bourreau. Ses yeux bleu pâle magnétisaient, que ce fût dans la peau de Colin Blythe, le faussaire aveugle de *La Grande Évasion* – cette épopée de guerre constamment rediffusée sur nos chaînes de télévision –, ou dans celle du docteur Loomis, le psychiatre de la sanguinaire et glaçante série des *Halloween*.

Entre Pleasence et Harold existait un profond respect mutuel, mais leurs vies avaient pris des chemins séparés. L'acteur, qui enchaînait les tournages et avouait ne jamais refuser un rôle en raison des angoisses financières qui le taraudaient, s'était créé son propre royaume, très loin des rivages britanniques. Cela, Daniel le comprenait.

Les descriptions qu'il me faisait de *Malahne*, le yacht de Sam Spiegel, suggéraient un lieu fermé, replié sur sa suffisance. Pour le producteur et ses invités ne comptaient que le dieu dollar, la célébrité tapageuse et la perfection des appas féminins. Daniel en avait bien conscience, alors que moi, lorsque Sam me conviait, je m'obstinais dans le déni. Convaincue d'être acceptée de bon cœur à la table du maître. Et que la seule chose que les autres avaient de plus était un corps bronzé sous un coûteux bikini. Daniel, lui, voyait clairement que les statuts invisibles régissant le monde de Spiegel s'enracinaient plus profond que la seule séduction physique. Clairvoyant, toujours perspicace, mon futur demi-frère par alliance était un garçon hors normes, sans doute en avance sur son temps. Harold reconnaissait sa liberté et son intégrité, mais il avait peur pour son fils et il est plus que probable qu'il le comprenait assez mal.

Boursier du Magdalen College de l'université d'Oxford, Daniel avait ensuite laissé tomber ses études. On avait attribué cet abandon à une sérieuse dépression et non, comme il était de règle, aux soirées trop arrosées, à la drogue et à la paresse. Pour ma part, je me demande s'il n'avait pas trop bien perçu ce que cachait l'autorité et pris le système en grippe.

Ce solitaire restait toujours lui-même. Aujourd'hui, j'éprouve un profond regret de n'y avoir pas été plus sensible. Oser le quant-à-soi était une preuve de caractère, un choix beaucoup plus difficile que celui des sentiers battus. Bien qu'il eût quelque temps travaillé comme facteur, Daniel, inemployable, vivait des subsides paternels. Quand leurs désaccords se sont aggravés, Harold citait la phrase du compositeur et chef d'orchestre André Previn : « Va te faire foutre et merci pour le chèque. »

En homme qui s'était fait tout seul, le succès de Harold lui avait donné tout pouvoir d'assurer à son garçon une excellente éducation dans les meilleures écoles privées, ainsi qu'une jeunesse de privilégié : grande maison, loisirs, voyages. Sur le papier, tout semblait simple. Pas de problème à l'horizon. Mais dans ce « pas de problème » se cachait la clef du problème.

À force de surprotection, Daniel n'avait jamais appris à se débrouiller tout seul. Aussi susceptible que son père. Mais l'éthique travailleuse de Harold l'avait armé d'une discipline qui le raccrochait au réel et lui avait enseigné le sens de la vie et le souci des autres. Faute d'avoir connu Vivien, tout ce que je peux suggérer est que tracer son chemin pour devenir une actrice acclamée lui avait donné une méthode et un doigté pour affronter les obstacles. Mais la situation que le couple avait créée ne pouvait manquer de faire de leur fils une sorte de cerf-volant porté par le vent de leur double réussite et du soin qu'ils avaient de lui.

Sur le plan professionnel, les exigences de Daniel étaient follement élevées. En conséquence, enfant prodige de la trempe du petit Mozart, il avait fini par tomber dans une frustration implacable. Harold, tout à son travail, lui laissait la bride sur le cou. Bien qu'on le surnommât « M. Pas-de-compromis », les productions pinteriennes n'étaient pas toujours magistrales. Mais du moment que personne n'osait altérer son texte – et pas un mot ! –, il avait tendance à tout raisonner dans sa tête. Pragmatique, il valait mieux que ses pièces soient montées et puissent rencontrer le public.

Daniel était un jeune homme intransigeant. J'ai fini par le comprendre quand *Bananas,* la revue littéraire, publia sa berceuse inspirée d'une vieille chanson des Afro-Américains. Un mot qu'il avait inventé était mal orthographié. Daniel, dans tous ses états, jeta dans le caniveau cinq exemplaires de cette publication onéreuse. Non, je n'exagère rien. Il le fit à la stupeur de Jean Leyland, notre ancienne nounou, et bien entendu de moi, qui assistais à la scène.

Je ne compris rien à ce geste de fureur. L'erreur était sûrement rattrapable, il suffisait d'une correction pour la première réimpression. Mais pour Daniel, la faute était irrémédiable. Il avait repris son jouet. Et hissé le pont-levis. On n'entrerait pas dans son château fort. Il faudrait s'armer d'un bélier si l'on voulait en défoncer la porte.

La véhémence de Daniel me plongea dans le désarroi, car je devinais que son intolérance manifeste risquait avec le temps de s'aggraver, de s'endurcir.

Chaque fois que j'entends Elton John chanter sa chanson célèbre, « Daniel », c'est vers mon demi-frère que ma pensée s'envole. À beaucoup d'égards, il était en avance sur nous tous. Jusque dans sa décision de tourner le dos au monde et de consacrer pour toujours sa vie d'ermite à la musique.

LE CERCLE DE CRAIE CAUCASIEN

Ma vie ne coulait pas toujours dans une vallée de lait et de miel, comme l'illustrent les effets d'une décision de ma mère : emmener Harold voir *Le Cercle de craie caucasien,* de Bertolt Brecht, monté par la troupe de théâtre de mon école. Apparemment, elle tenait à venir accompagnée. Petit problème : l'atmosphère catholique et « vieille Angleterre » de St Mary's Ascot convenait mon père, mais pas à Harold.

Costumée en Natella, la femme du gouverneur de la province de Nukha – comprenez crayon pour les yeux, pendants d'oreilles en faux diamants et longue robe en tissu damassé –, je me rappelle avoir jeté un regard entre les épais rideaux de velours. Je ne voulus pas en croire mes yeux. Dans le public, il y avait ma mère et Harold. Une trahison maternelle, me sembla-t-il, et une trahison au sens le plus plein du terme. Sans prévenir, sans précaution, dans le plus profond mépris de ce que je pourrais ressentir.

La situation empira sinistrement quand ma condisciple qui jouait le juge Adzak, personnage avec lequel j'avais mes scènes les plus poignantes, décida soudain de modifier son texte. Déjà déstabilisée, je commençai de perdre pied. Mots qui flottaient, voix qui sonnait trop fort : la confusion la plus totale. J'avais toujours pris grand plaisir à ces spectacles scolaires – j'avais le jeu dans le sang –, mais ma prestation tenait du désastre.

Un désastre devant le prince du théâtre de langue anglaise. Devant un homme envers qui j'éprouvais un profond respect. Un homme en qui j'avais confiance.

Ensuite, aucun commentaire. Aucun mensonge pour me réconforter. Harold cita un ami qui, dans *Le Cercle*, jouait Simon Chachava. Un bon acteur, avec de la présence. Sans hésiter, ma mère en tomba d'accord. Puis ils repartirent pour Londres. Anéantie, je ne me rappelle pas être entrée dans la bibliothèque le lendemain matin, et encore moins avoir piqué une petite crise. C'est Sarah-Jane Shipsey, à présent cardiologue de renom, qui en a été le témoin. Devant elle, je m'écriai : « Je vais leur montrer à tous qu'ils ont eu tort ! » Je l'ai répété plusieurs fois.

L'attitude de ma mère me rappelait que, dans mes premières années à St Mary's, elle avait publié son roman à suspense *Quiet As A Nun* [*Silencieuse comme une nonne*], librement inspiré de la vie dans mon école. Le dessinateur humoristique Mark Boxer avait fait d'elle une caricature merveilleusement réussie : lady Antonia Fraser en bonne sœur. À la parution du livre, la plupart des religieuses de St Mary's s'étaient senties flattées mais, pour ma part, j'avais éprouvé des sentiments mitigés. Il me semblait qu'elle empiétait sur mes platesbandes. Toutefois, ce n'était rien comparé à son idée d'emmener Harold voir ce *Cercle de craie caucasien* de l'été 1978.

Si choquant était leur comportement que j'avais du mal à y croire. Ou plutôt, je ne *voulais* pas y croire. Ce fut le fils de Harold qui me préserva de la dépression. À mon retour à Londres, je me trouvai par hasard nez à nez avec Daniel dans la cuisine. Aucune phrase polie, du genre « Tu exagères forcément » ou « Je suis sûr que tu n'étais pas si mal ». Clairvoyant comme toujours, il me regarda droit dans les yeux et me déclara : « Ils ont eu tort de faire ce qu'ils ont fait. Tu es parfaitement en droit de te sentir ulcérée et furieuse. » Puis Daniel me fit valoir que c'était leur façon d'agir et me conseilla sagement de ne pas prendre cette affaire comme un affront personnel.

Cette fois-là, je compris qu'il existait des règles applicables à Harold et à ma mère en tant que couple, mais en aucun cas aux autres. Distinguo indispensable. Et je suis éternellement reconnaissante à Daniel. Séance tenante, je me promis intérieurement de ne plus jamais me laisser marcher sur les pieds. Harold, très rarement, faisait allusion à ma prestation ratée dans *Le Cercle de craie caucasien* et, dans son ton taquin, il y avait une nuance de dépit. Jusqu'à ce que je lui claque moralement la porte au nez en rétorquant : « En fait, c'est la fille qui jouait le juge qui a décidé de changer son texte. » À la fois comme auteur et comme ancien acteur, force lui fut d'admettre que rien ne pouvait être pire.

Les grandes qualités de Harold étaient sa générosité, sa sensibilité et son sens aigu de la solidarité. S'il dérogeait à la règle, je ne l'accepterais jamais. Pour tranchée qu'elle puisse paraître, ma résolution produisit son effet. Ce qui se créa fut une distance protectrice.

CHAPITRE DIX

Les vacances au soleil

L'idée de ma mère, c'était que nous passions nos vacances à Marina di Pietrasanta. Promesse de bord de mer, de nage dans la Méditerranée et de beaux panoramas. Trois éléments pour la rendre enthousiaste. Nullement une snob, ni une adepte de Portofino, Porto Ercole et autres villes balnéaires pour célébrités à la mode, maman ne s'embarrassait pas des diktats de l'air du temps. Ses envies, son flair pour ce qui rendait heureux évinçaient toute autre considération.

Quand nous partions en voyage, Harold et elle estimaient qu'il fallait être organisé. La veille du départ, des valises imposantes alourdies de livres brochés s'alignaient devant la porte de leur chambre. Ils jugeaient aussi utile d'arriver à l'aéroport avec un grand temps d'avance. Pour un vol prévu à onze heures, un chauffeur sonnait à six. En chemise de nuit, le regard brouillé, je grommelais : « Il doit y avoir une erreur. » Puis Harold apparaissait dans l'escalier.

Dans un style très pinterien, le trajet jusqu'à Heathrow se faisait à bord d'une Austin Princess, longue automobile luxueuse. Mais l'arrivée pouvait se révéler houleuse, car le nombre de nos bagages suscitait désordre ou panique. Harold se montrait directif : il fallait, commandait-il, que nos valises soient embarquées « tout simplement dans le même avion que nous ». Mes voyages par la voie des airs étaient limités, mais ses mots me déconcertaient. « Harold, disais-je, pourquoi ne le seraient-elles pas ? »

Nous louâmes aussitôt des vélos – quelle ne fut pas notre surprise de voir Harold et ma mère s'éloigner en pédalant ! Mais dans l'enfance, tous les deux avaient beaucoup roulé à bicyclette, comme ils ne manquèrent pas de nous le rappeler. Jamais nous n'avons parcouru de longues distances : les quelques kilomètres entre la villa et la plage. C'était comme si nous roulions dans le Miniville de Oui-Oui : des rues propres comme un sou neuf et parfaitement balisées.

Le jour où nous allâmes admirer la tour de Pise, Harold préféra rester à la villa. Content de lire, de se détendre et de goûter la solitude. La première semaine, après avoir tâté de quelques-unes des trattorias de Marina di Pietrasanta, nous rentrions et nous jouions au bridge. Au grand dépit de Damian, qui s'entraînait au bridge à son école, Harold et moi le battîmes à plates coutures deux soirs de suite.

Mon futur beau-père ne s'était initié au bridge qu'à la quarantaine bien sonnée. « Ce qui lui plaisait surtout, c'était le vocabulaire », se souvient maintenant ma mère. La voir et l'entendre jouer quand elle accueillait des amis l'avait poussé à l'imiter. Comme ils avaient besoin de partenaires quand ils partaient en vacances, mes frères et moi avions été envoyés prendre les leçons d'une école de bridge. Dans ce bâtiment de brique rouge sur King's Road, empli de tables carrées recouvertes de feutre vert, des professeurs aux manières aimables nous apprenaient à jouer dans les règles. Plusieurs années d'affilée, j'y ai été embrigadée.

Telle notre mère, Damian éprouvait un besoin fiévreux de gagner, ce que je dénigrais comme une conduite puérile qui privait de sel nos parties. Harold avait lui aussi un esprit de compétiteur, mais son attitude directe de joueur honnête et carré me tapait moins sur les nerfs. Pour lui, le plaisir du jeu comptait plus que la victoire. Soit dit en passant, ma mère et Damian avaient été très forts sur les terrains de rugby. Je les imaginais serrant le ballon contre eux, galopant à bride abattue et renversant leurs adversaires comme des quilles. En avant !

Ce fut à mon plus grand étonnement que Damian (aujourd'hui excellent bridgeur) commença de conseiller Harold. Celui-ci préféra ignorer les doctes paroles du jeunot et ses coups d'œil réprobateurs, jusqu'à l'après-dîner où il explosa soudain : « Arrête de me fusiller du regard ! » À la place de mon petit frère, j'aurais éclaté en sanglots et aussitôt quitté la table, mais Damian, indifférent, se contenta de hausser les épaules.

Nous fûmes tous embarrassés le soir où Harold prit ma mère par la main pour l'inviter à danser. Un slow un brin somnolent, mais qui nous semblait trop public. Nous dînions dans un restaurant et personne ne suivait leur exemple. Les serveurs, cela va de soi, se réjouissaient du spectacle, *l'amore, l'amore,* mais tout ce que je me rappelle est une certaine perplexité. Mon cœur me disait qu'ils formaient un couple magnifique, mais mon éducation me faisait redouter les regards.

L'ambiance changea quand deux jeunes types grassouillets aux yeux brun clair décidèrent d'embêter, disons même de « chercher » Harold. Le plus grand se lança dans l'imitation d'un *generalissimo*. Partisan de la dictature, nostalgique de Mussolini ? Plutôt intéressants du point de vue théâtral, sa posture insolente, son visage aux sourcils froncés et l'index comminatoire qu'il ne cessait d'agiter mettaient au défi son copain debout de l'autre côté de la table, docile, soumis. De telles railleries ne pouvaient s'adresser qu'à Harold, grand défenseur de tous les opprimés. Plus ma mère disait « *Basta, basta !* », plus le duo de provocateurs s'obstinait. Jusqu'à ce qu'un serveur les flanque tous les deux à la porte.

En prévision de l'arrivée de mon oncle Thomas Pakenham et de son épouse Valerie, nous avions loué un minibus blanc. Conducteur confiant, Harold filait sur les routes. Se garer n'était jamais un problème, non plus que les automobilistes italiens ou l'habitude à prendre de la conduite à droite. Jusqu'à l'après-midi fatidique où il manqua un tournant.

Assoupie dans la chaleur, je fus tirée de ma torpeur par un silence de mort. L'anxiété qui se lisait sur le profil de ma mère, tournée vers Harold, me sembla curieusement familière. Puis je vis qu'il était courbé sur le volant et que ses mains ruisselaient de sueur. Le minibus roulait sur une route très étroite et de plus en plus escarpée, avec un profond ravin de chaque côté. Ce que j'ignorais complètement, c'est que Harold fût sujet au vertige.

Pas de place pour faire demi-tour. L'espace d'une fraction de seconde, je me demandai si nous allions finir au fond d'un précipice, jusqu'à ce qu'apparaisse une taverne à flanc de montagne. À l'intérieur, ma mère découvrit un groupe d'habitants du coin qui buvaient une tournée de bière après l'autre, ou alors des rasades de *grappa*. Le premier à qui elle tenta de parler se lança aussitôt dans une diatribe proclamant sa haine pour *tutti gli inglesi* depuis la Seconde Guerre mondiale. Les autres buveurs firent silence, se demandant où se trouvait *la damigella in pericolo*, puis un jeune type s'avança. Ses quelques bribes d'anglais lui permirent de nous proposer de prendre le volant du minibus pour faire demi-tour et nous ramener jusqu'au bord de mer. Son cousin lui emboîta le pas. Quand, à l'arrivée, ma mère le paya grassement pour le dérangement – après tout, il nous avait sauvés –, notre Bon Samaritain en parut profondément choqué.

Pauvre Harold. Quand ses mains s'étaient crispées sur le volant, son large dos avait émis des ondes chargées de toute son impuissance. Cet épisode restait inoubliable. Et quand son cancer s'est déclaré dans les années 2000, je me suis rappelé ce dangereux incident.

L'arrivée de mon oncle et de ma tante changea la dynamique de nos vacances. Thomas, le parent le plus proche de ma mère, avait souffert de la polio dans son enfance et, depuis, toujours fait de son mieux pour compenser cette épreuve de jeunesse. Homme d'action mais aussi de culture, auteur d'ouvrages historiques salués par la critique, il goûtait beaucoup l'aventure. Celle, par exemple, de parcourir l'Éthiopie et d'y visiter toutes les églises coptes jusqu'à la dernière.

Sa femme Val et lui géraient le domaine familial des Pakenham en Irlande, qui comprenait un château gothique, des étendues de terre à l'infini et de nombreux cottages à louer. Érudit, bien informé, le couple s'adorait mais se querellait sans cesse. Moralement, ils se mordaient les mollets. Quand leurs attrapades devenaient trop assommantes, nous criions en chœur « *Niente bickero !* » [« Pas de chamailleries ! » en sabir italo-anglais], expression inventée par ma mère pour restaurer le calme de nos vacances familiales, que nous préférions désigner par une abréviation-valise : les « vacfams ». Pour Thomas et Val, rien n'était jamais trop compliqué, que ce fût une escapade à Lerici, où le poète Shelley s'était noyé, une visite de la cité médiévale de Pistoia un jour de fête où tout était fermé, ou encore les préparatifs d'un cocktail suivi d'un dîner en l'honneur d'un écrivain renommé.

Le premier soir, Harold nous invita au restaurant Da Mio Fratello, et là, les bisbilles continuèrent. Thomas aimait bien se faire asticoter : ce genre d'attention valait mieux que pas d'attention du tout. Avec un sens aigu de l'autodérision, il faisait preuve, tel un enfant précoce, d'un savoir encyclopédique. Explorer la région avec lui voulait dire qu'on voyageait avec un conférencier passionné, même s'il arrivait à ma mère de le corriger en brandissant son Guide bleu. Quand Thomas nous parlait de son prochain livre – *The Boer War*, paru en 1979 –, mes frères et moi lui lancions avec insolence : « Arrête de nous *boerrer* le crâne ! » ou encore « Tais-toi donc, vieux *boerrin* ! » D'un bon naturel, Thomas encaissait.

Un autre soir, après un joyeux dîner de *fritto misto*, nous trouvâmes au retour la villa dans un certain désordre. « Nous avons été cambriolés ! cria aussitôt Thomas. Cambriolés ! » Le contenu du sac de Val gisait éparpillé, une lampe était renversée comme pour un effet de cinéma et le manuscrit de *Trahisons*, la dernière pièce de Harold, avait apparemment été volé. Un bref moment d'émoi, puis ma mère remarqua qu'un autre manuscrit, celui de son cadet, n'avait pas bougé de sa place. « Thomas ! » s'écria-t-elle. Depuis fort longtemps, maman était familière des facéties de son frère. De fait, il nous avoua avoir mis en scène le vol prétendu, non sans dévoiler que Damian lui avait servi de complice zélé.

Ce pseudo-cambriolage, c'était Thomas tout craché. Bien qu'il eût subtilisé la nouvelle pièce de Harold – sa nouvelle pièce non encore publiée –, mon futur beau-père n'en voulut pas au plaisantin. Je sentais bien qu'il s'était pris d'affection pour Thomas. Mon oncle se fût-il montré doucereux et patelin que Harold en eût peut-être éprouvé de l'agacement, mais ce visiteur estival dénué de prétention, sorte de professeur Tournesol en version bel homme, était plutôt du genre à renverser sur lui son verre ou la saucière. Et, tandis qu'on le nettoyait, il continuait de causer. En Thomas, je voyais pour ma part un personnage aristocratique de la meilleure façon possible. Il avait hérité d'un titre (celui de lord Silchester), mais choisi de ne pas le porter. Le chic le plus radical.

C'est pendant ces vacances que j'ai lu pour la première fois *Trahisons*. Harold était toujours curieux des réactions de ses proches à la découverte de ses pièces, même si elles ne l'incitaient pas à y changer le moindre mot : après tout, il était Harold Pinter. Je me rappelle avoir compati au sort d'Emma, l'héroïne de l'histoire, et lui en avoir fait part. Prise en étau entre deux hommes qui entretiennent une liaison platonique autant que perverse, la pauvre, dans cette affaire, ne peut que perdre la partie. D'une trame originale, puisque la chronologie de l'intrigue commence par la fin, *Trahisons* parvient à être une œuvre captivante, et aussi plus intime que le reste du théâtre pinterien.

Il s'agissait de la première pièce longue de Harold depuis *No Man's Land*, de sorte que les attentes étaient considérables. Il s'était passé quatre ans. Et la mise en scène, pour le National Theatre, serait confiée à Peter Hall, un de ses collaborateurs que Harold estimait le plus. Hall dirigerait une magnifique distribution : les grands acteurs de théâtre Penelope Wilton, Daniel Massey et Michael Gambon.

Un soir, nous avons dîné chez Michael et Anne Sophie Grant. Ancien universitaire devenu auteur de romans à succès, menant en Italie une vie de Britannique expatrié, Grant s'était créé, avec sa magnifique épouse, un petit royaume à Gattaiola, en plein cœur de la Toscane. Arrivés en avance, il nous fit visiter son bureau. Parmi de nombreuses piles de livres, il y avait là des monnaies, des statues et autres objets de collection en lien avec Jules César et les différents sujets qu'il abordait dans ses fictions.

S'imprégnant de tout ce qu'il voyait, Harold semblait enchanté. Son ravissement me rappela combien sa sensibilité aiguë lui faisait apprécier la beauté et le calme. À beaucoup d'égards, ma mère était comme lui. Dans notre maison de Campden Hill, elle avait besoin d'une tranquillité.

La villa rose pâle du couple Grant se dressait parmi une profusion de fleurs, tout un nuancier de couleurs ressortant sur les enchevêtrements de la verdure. Pour l'apéritif dans le jardin, Anne Sophie, native de Suède, apparut avec un plateau chargé d'un pâté et de délicieux *antipasti* faits maison. Avec ses cheveux blancs et son visage bien dessiné, elle donnait envie de laisser la nature prendre le pas sur tout le reste.

Au cours du repas, nous parlâmes de la triste fin du mariage de la princesse Margaret, la procédure de son divorce avec lord Snowdon devant aboutir en novembre de cette année. Anne Sophie se remémora un incident survenu au cours d'un dîner en Irlande. Les Snowdon et les Grant étaient les invités d'Alfred et de Clementine Beit, d'importants collectionneurs d'œuvres d'art. Comme il en était coutumier, Tony Snowdon avait fait sur sa femme une remarque sarcastique. À quoi la sœur de la reine avait répliqué en lui jetant une pomme de terre à la tête de l'autre côté de la table. Avec adresse, Snowdon l'avait évitée et le tubercule beurré et brûlant, transformé en projectile, avait atterri dans le décolleté d'Anne Sophie.

Si j'étais captivée par le drame de la pomme de terre, Harold, c'était visible, se désintéressait de la conversation. Il n'avait pas de temps à perdre avec les potins mondains. Tout cela n'était pas son monde. Pourtant, assez curieusement, il prenait un certain plaisir à la compagnie de Margaret. Dix-huit mois plus tard, lors d'un dîner après la première du nouveau ballet de Martha Graham, *La Chouette et le Petit Chat*, on le plaça à côté d'elle. Comme à son habitude, la princesse alluma une cigarette, puis se tourna vers lui pour lui demander des nouvelles de sa vie. « J'ai arrêté de fumer, madame, annonça Harold. – Arrêté de fumer ? Quel ennui ! » répondit Margaret, et elle lui souffla une grande bouffée au visage.

Harold admirait la reine. Ils s'étaient rencontrés à diverses reprises et il en avait été honoré. Ce qui le séduisait, c'était le caractère travailleur de Sa Majesté, et aussi le fait qu'elle eût toujours les pieds sur terre. Élisabeth II incarnait l'accomplissement du devoir. Toutefois, Harold avait plus en commun avec la princesse Margaret, qui savait apprécier les arts.

Avant de quitter Marina di Pietrasanta, nous assistâmes à une représentation de *Madama Butterfly* à Torre del Lago, la ville où Puccini avait vécu, composé et où il est inhumé. L'opéra était donné en plein air et ce fut une expérience inoubliable. Après avoir longé le rivage d'un grand lac, nous fûmes conduits à nos sièges par des placeurs en frac magnifiquement beaux, arborant des médailles en argent à leur revers. Tout au long du spectacle, Harold et ma mère se sont tenus par la main.

Les vacances terminées, Harold nous confia que c'était la première fois de sa vie qu'il avait partagé une maison avec sept personnes, surtout pour une durée de deux semaines, mais qu'il y avait pris beaucoup de plaisir. Cette déclaration plongea ma mère dans un abîme de félicité, mais elle me sembla assez déroutante. Pour ma part, je n'avais jamais vécu qu'environnée d'une tripotée de frères, de sœurs et de cousins et cousines.

Les membres de familles nombreuses se divisent en trois catégories. Il y a ceux qui adorent la vie en collectivité, parce qu'ils éprouvent le besoin constant de sentir leur appartenance à une tribu. Ceux qui fuient leur parentèle, parce que la nature intrusive de la « horde » familiale leur fait horreur. Et enfin ceux qui sont contents d'être entourés, mais n'en défendent pas moins farouchement leur intimité. Ma mère faisait partie de ce dernier groupe et, à cet égard comme à beaucoup d'autres, Harold marchait main dans la main avec elle.

LE CRICKET

En 2007, pour remonter le moral de Harold, j'ai eu l'idée d'une visite privée de la rétrospective consacrée à l'œuvre de Samuel Beckett. Intitulée *Objet*, la manifestation avait lieu au Centre Pompidou. Très malade, Harold était aussi affaibli qu'irritable. Ce voyage, en avril, serait sans doute son dernier à Paris. Vu son état, je me demandai d'abord si le projet était opportun, mais ma mère insista, convaincue que cette petite expédition lui ferait le plus grand plaisir. Comme souvent, elle voyait juste : en sortant, Harold qualifia l'expérience d'« absolument merveilleuse ». Par bonheur, le musée avait mis à notre disposition une chaise roulante.

Tandis que je le poussais avec délicatesse, Harold n'a cessé de se pencher pour observer le moindre objet exposé. Il faut dire que Sam Beckett, son mentor éternel, avait énormément compté pour lui. Il y avait là les portraits photographiques de Gisèle Freund, les lettres adressées à l'artiste Bram van Velde et les croquis de la première production allemande d'*En attendant Godot*. Mais c'est en arrivant devant les photos du jeune Beckett jouant au cricket, au lycée puis à l'université, que Harold s'est arrêté le plus longtemps.

Son intérêt me rappela bien sûr son ardente passion pour le cricket. Harold rencontrait de grands noms du milieu sportif tel Lester Piggott, jockey aux multiples victoires, mais se lamentait ensuite : « Si seulement il jouait au cricket ! » Dans sa bouche, le compliment suprême. « Je pense, a-t-il déclaré à *The Observer,* que le cricket est la plus belle chose que Dieu ait créée sur terre, certainement plus belle que le sexe. Même si le sexe, ce n'est pas mal non plus. » Évidemment, le cricket lui rappelait des souvenirs d'un autre temps.

Harold se montrait extrêmement fier qu'on l'eût choisi comme capitaine de l'équipe de cricket des Gaieties. Au surplus, l'uniforme de cricket – chemise blanche, pantalon long et ample maillot à manches courtes – mettait en valeur sa silhouette athlétique. On peut en dire autant de ses amis dramaturges Simon Gray, Ronald Harwood et Tom Stoppard, auxquels il arrivait de jouer avec les Gaieties. Britannique, ayant des frères, j'assistais à de nombreux matchs de cricket. La première fois que je vis Harold sur le terrain, il y avait aussi le grand comédien John Hurt, bien connu dans tous les foyers pour son rôle de Caligula dans *Moi Claude, empereur*, la série à succès diffusée par la BBC.

L'occasion était spéciale : un match contre l'équipe du *Guardian*, événement de l'année. Hurt était un acteur célèbre parmi de non moins célèbres écrivains de théâtre : Simon, Ronnie, Tom et leur capitaine, Harold. Fidèle à elle-même, ma mère s'était réservé un espace pour étendre sa couverture en tartan. En chemisier blanc et longue jupe à rayures, elle avait pris place à côté de Natasha Harwood, l'épouse russe blanche de Ronnie, qui ressemblait beaucoup à la mythique ballerine Margot Fonteyn. Racée avec ses sourcils arqués, ses pommettes comme ciselées et son port parfaitement droit, une cigarette n'était jamais loin de ses lèvres.

Quand John Hurt arriva, il commença par venir s'étendre près de nous. Sa tenue blanche de cricket semblait coupée sur mesure pour sa silhouette gracile. Presque aussi rouquin qu'un renard, il nous parla un moment des parties de cricket dans son enfance. Resté au fond du cœur un garçon de la campagne, Hurt avait grandi à Chesterfield, dans le comté de Derby, au nord de l'Angleterre. Son père officiait comme pasteur anglican. Il nous décrivit les matchs dans les villages et les rituels propres à chaque équipe. En l'écoutant, je repensai à la partie de cricket dans *Le Messager* : la balle, le bruit sourd de la batte, les salves d'applaudissements. Sous le charme de la voix si particulière de John Hurt, j'avais envie de fermer les yeux et de me laisser aller, jusqu'au moment où on l'appela : la partie allait commencer.

Restées seules entre femmes, nous commençâmes à bavarder. En bonne Russe, Natasha avait toujours une belle histoire à raconter. Au vrai, ma mère fut tellement captivée par son récit que, sans y réfléchir, elle applaudit avec enthousiasme quand s'éleva une rumeur dans le public. Natasha et moi l'imitâmes aussitôt… pour nous entendre dire quelques instants plus tard par un Harold vexé qu'il n'avait marqué aucun point. Ce que nous avions salué, c'était que son score de batteur n'avait pas bougé de zéro.

Avec hauteur, je traitais les mordus de cricket comme des gens séduits par un sujet loin d'être séduisant. Pourtant, les déjeuners d'avant-match étaient des moments agréables. Dans le jardin derrière notre maison, on disposait un abondant buffet et les joueurs s'asseyaient pour manger sur les bancs en bois garnis de coussins, parmi les ravissants rosiers. En hôte généreux, Harold remplissait de vin blanc de grands gobelets en argent ou de hauts verres à blason doré. Il était dans son élément, convaincu que le cricket, bien qu'il pût provoquer la mauvaise humeur, la colère et même un certain égoïsme, était aussi « bon pour la fibre morale et les qualités d'âme de ceux qui le pratiqu[aient] ».

Une fois, Harold eut besoin d'une boîte de savon pour se doucher après son jeu préféré. On était bien des années avant l'apparition des flacons de savon liquide. Consciencieuse, ma mère lui en prépara une, jusqu'à limer le savon pour qu'il fût à la bonne taille. Problème : le choix de la marque. La boîte de savon destinée à Harold portait le nom *Diorissimo* gravé en lettres argentées. « Antonia, tu perds la tête ? protesta-t-il, tenant la petite boîte d'un joli bleu pâle. Que vont dire les gars ? » C'était un temps où le cricket restait une affaire virile.

CHAPITRE ONZE

Villas de Corfou

Pour nos « vacfams » de l'été 1979, la destination choisie fut l'île de Corfou. Mais c'était un voyage à forfait : pour réserver une villa, il fallait en même temps retenir des places à bord d'un charter pour la Grèce. Comme Harold ne voyageait qu'en première classe, la perspective de s'envoler dans de telles conditions le dévora bientôt d'angoisse. Reconnaissons-le : dans les années soixante-dix, les voyages à forfait traînaient derrière eux une réputation douteuse. Il était fréquent qu'on publie dans les journaux des photos de familles échouées dans un aéroport espagnol ou portugais parce que, du jour au lendemain, leur compagnie aérienne en faillite avait mis la clef sous la porte.

Au sujet de ce charter, nos discussions finirent par aboutir à une sorte d'« entente cordiale », confortée par le fait que ma grand-mère Élizabeth Longford passerait ces vacances avec nous. Autrice d'une biographie de lord Byron, elle avait de la Grèce une connaissance approfondie, et c'était aussi une remarquable économe.

Pour commencer, tout se passa pour le mieux – l'avion était à l'heure, la cabine et les sièges bien propres –, puis une hôtesse de l'air renversa sur Harold son plateau-repas. Pour de bon. Sa barquette de viande en sauce, surgelée et réchauffée, se répandit sur le pantalon de son costume en coton vert olive. Horrifiée par sa propre maladresse, l'hôtesse l'entraîna au plus vite pour l'aider à se nettoyer. Nous nous attendions à une explosion, mais Harold se montra étonnamment accommodant. L'accident prouvait combien il avait raison de redouter les voyages à prix cassé, et cette confirmation le satisfaisait. Bien entendu, on aurait pu penser que c'était justement sa peur qui avait conduit au malheureux incident, mais pour ma part je n'avais pas l'intention de donner dans la psychologie de comptoir.

À la villa Barbati, notre maison de vacances, nous disposions d'une plage privée. Le caïque que nous avions réservé pourrait passer nous prendre en arrivant par la mer. Un vif plaisir pour tout le monde, sauf pour Harold, qui trouva moyen de se faire mal à une jambe en descendant l'étroite échelle jusqu'au rivage. Ma mère, comme de coutume, se montra compatissante, cependant que je levais discrètement les yeux au ciel, pensant « Harold, ça suffit, non ? ».

Comme à cette époque il buvait du whisky, Harold n'a jamais souffert de problèmes intestinaux. Ses rasades d'alcool brun clair le protégeaient des microbes. Au cours de ces vacances, de même que le Guide bleu et les flacons d'huile solaire, le Diocalm contre la « tourista » nous sembla un compagnon indispensable, car nous étions des estivants aventureux. La société Villas de Corfou, qui nous avait loué notre villa, nous avait fourni une liste sélective de petits restaurants réputés de cuisine locale, et aussi fortement mis en garde contre les gargotes de la plage. Bien entendu, nous les avons essayées et, bien entendu aussi, nous avons tous été malades. Tous à l'exception de Harold.

Le soir, certains différends provoquaient des prises de bec carabinées. Je me souviens d'une querelle portant sur les ambassadeurs représentant des régimes terroristes. Devait-on leur reprocher l'action des gouvernements auxquels ils devaient leur poste ? On devine la réponse de Harold. Ma grand-mère, qui avait connu l'âge d'or de la diplomatie et dont le fils travaillait pour le bureau des Affaires étrangères, prit un parti plus pragmatique.

Elle me confia aussi que Parviz Camran Radji – dernier ambassadeur d'Iran sous le règne du Shah, mais aussi grand mondain londonien – avait été au nombre des admirateurs de ma mère. « Je crois que Harold en a été jaloux ! » s'empressa-t-elle d'ajouter. Grand-maman Élizabeth pouvait faire preuve d'une amusante indiscrétion. Au point que nous l'avions surnommée la « Mamie Fuiteuse », car elle se montrait loquace avec la presse britannique et avait même accordé un entretien au *Daily Express*, un quotidien d'information populaire, à l'étonnement de sa famille.

Perfectionniste née, ma grand-mère brûlait d'envie de peigner les cheveux d'une de ses belles-filles, et ma mère devait l'en dissuader. Bien avant que Harold fût entré dans notre vie, nous avions voyagé en famille pour nous rendre chez mon grand-père et elle dans leur maison de campagne, à Bernhurst, dans l'est du Sussex. La date fixée, grand-mère faisait tout pour nous dégoûter de venir, maman la première. C'était un chapelet d'excuses insignifiantes : « Il risque de faire froid… Le portail est cassé… Ton frère a son tournoi de golf… » Des excuses que ma mère savait comment balayer. Je me demande si ma grand-mère n'avait pas tout simplement peur d'accueillir une flopée d'enfants, car elle se souvenait d'avoir « déjà donné ». Mais une fois arrivés chez elle, quand, nourris de sa cuisine insipide, nous faisions le diable à quatre dans sa piscine aux carreaux écaillés et qu'elle ne chauffait jamais, elle semblait sincèrement heureuse de nous avoir.

À la différence de sa fille, malgré ses soixante-treize ans, Élizabeth aimait nager sous l'eau. Après qu'elle m'eut appris à me servir d'un tuba, nous prîmes l'habitude de nager près du fond de la Méditerranée afin d'observer la vie sous-marine. Grand-maman appréciait aussi de se prélasser au soleil. Ses mains maigres aux taches brunâtres et aux veines bleues et saillantes contrastaient avec celles de ma mère, blanches et sans signes de vieillesse, qui auraient pu être les mains d'une dame du XVIIIe siècle. Les doigts de ma grand-mère semblaient faits pour jeter des sorts. Ils s'agitaient sans cesse et les bagues qui les paraient, mélange de bijoux de famille et d'autres qu'elle conservait pour leur valeur sentimentale, accrochaient sans fin la lumière, ajoutant à l'impression d'enchantement.

Ayant fait un mariage merveilleusement heureux, c'était une femme aux idées larges et pétrie de confiance en soi. Quand j'y repense, il me semble qu'une grande partie de son charme venait de ses beaux cheveux gris, mais aussi de sa relative petite taille et de sa vivacité irrésistible. Et les rides lui allaient bien. Jusqu'à son décès, elle a été courtisée par toute une troupe d'admirateurs, tous des intellectuels, et Harold n'était pas le dernier à rejoindre la file d'attente. Je l'entends encore l'appeler : « Élizabeth ! » disait-il de la voix d'« impressionnant baryton » évoquée par Arthur Miller.

Cet été-là, quand nous passions de taverne en taverne, Harold, par sa générosité, s'attirait les bonnes grâces de tout le monde. Il travaillait avec ardeur, vivait sa vie avec ardeur et, bien entendu, discutait avec ardeur. Juste avant le départ de Corfou, je l'ai vu entrer en fureur : il venait d'apprendre qu'au cours de la dernière guerre, Winston Churchill avait été averti de l'existence des camps de la mort. Une source autorisée lui avait révélé que notre Premier Ministre détenait des informations sur la « solution finale », mais qu'il avait choisi de n'en rien faire. Juif de naissance, non seulement cette iniquité restait en travers de la gorge de Harold, mais il en était révolté au plus profond de son être.

Tous les présents – il y avait là Thomas, mon oncle, accompagné de sa femme Val – réfutèrent cette étrange confidence, de même que l'idée de Harold selon laquelle Churchill était antisémite. À la lecture du livre de l'historien Martin Gilbert paru dans les années 2000, *Churchill and the Jews*, il est clair qu'ils avaient raison. À contre-courant de l'*establishment* britannique, l'homme d'État a défendu le capitaine Dreyfus, puis, engagé pour la cause sioniste, n'a plus cessé de se battre en faveur des droits des juifs. Un aspect héroïque et souvent méconnu de sa vie et de sa carrière. On ne peut, hélas, pas en dire autant de l'attitude implacable et raciste de Churchill envers les Africains et les Indiens. Mais cette personnalité aux nombreux traits contradictoires n'était pas celle d'un antisémite.

Harold ne voulut rien entendre. Pour les camps, *Churchill savait !*. Soudain, ma mère se leva de sa chaise, se drapant avec énergie dans sa grande étole couleur cacao, récent cadeau de son aimé. Ce geste dramatique et son regard déterminé signifiaient qu'elle prenait les devants et que nous devions l'imiter. Tels des canetons apeurés, nous cessâmes aussitôt de cancaner et nageâmes derrière maman cane. Bien que très échauffée, celle-ci se refusait à discuter davantage. Mais cette nuit-là, le mistral grec qu'on appelle le *meltemi* ne cessa pas de souffler avec rage, ce qui ne pouvait ramener le calme. Tous autant que nous étions, le bruit des volets qui claquaient nous exaspéra les nerfs.

Sous le coup de cette dissension silencieuse, Harold, berçant sa bouteille de whisky, alla se terrer dans sa tanière : son bureau de fortune de la villa Barbati.

Impossible de ne pas compatir. Aucun d'entre nous n'était juif, aucun n'avait perdu de membre de sa famille. Soucieuse d'apaiser la tension, j'ai le souvenir d'avoir dit : « Clairement, il se sent froissé. – Vraiment ? Je crois que j'avais compris », me répliqua ma mère avec sarcasme. Bon Dieu ! Les « grands » pouvaient donc se montrer aussi insupportables que des ados boutonneux. Je ne me rappelle pas qu'ils se soient présenté des excuses, bien que Harold fût toujours le premier à dire les mots qu'il fallait pour détendre l'atmosphère. Mais du jour au lendemain, lors de ces vacances, il a arrêté le whisky. Et après octobre 1980, il n'y a plus jamais touché. Décidé une fois pour toutes.

Preuve de la même résolution, Harold se débattait avec la lecture de *The Corporal* [*Le Caporal*], pièce du poète engagé Stephen Spender. Nous partions visiter Corfou – un monastère paléochrétien, par exemple, où ma mère, bravant la loi grecque, faisait des boutures de géranium –, mais lui restait à la villa, pour en finir avec *The Corporal*.

Quand nous avons rencontré Spender, descendu dans la maison corfiote d'amis de sa famille, Harold lui a fait honnêtement part de son verdict. Il y avait dans *The Corporal* plusieurs idées séduisantes, mais au bout du compte la pièce ne fonctionnait pas. Une sanction difficile à rendre : notoirement susceptibles, les écrivains célèbres n'avaient souvent ni l'humilité ni la gratitude de leurs confrères plus obscurs. Mais Harold a couru le risque et, sachant qu'il admirait sincèrement sa poésie, Spender a plutôt bien pris sa critique pourtant sans détour.

Puis nous avons déjeuné. Commensal agréable, Spender, bizarrement, se comportait en petite fille glous-sante. Pour moi, c'était l'évidence : le poète aux cheveux blancs et aux yeux bleu pâle était gay – et plus tard, je devais apprendre qu'on l'avait surnommé « Brenda Spender ». Mais il y avait cette pseudo-vie conjugale qu'il affichait avec sa terrifiante épouse, la pianiste d'ascendance russe Natasha Litvin Spender. Une comédie assez bizarre. Septuagénaire comme lui, elle me faisait l'effet d'un cygne courroucé, menaçante comme un tireur qui vise entre les deux yeux.

Il y avait une photo à prendre et que personne, hélas, n'a jamais prise : celle de Spender et de Harold, debout sur la plage, discutant de W. H. Auden. La gravité de leurs regards, la hauteur de leur entretien, l'image de leurs deux profils avec à l'arrière-plan le clapotis des vagues sous le bleu du ciel sans nuage : quel portrait ! S'en dégageait leur passion partagée pour le grand poète pacifiste.

Au cours de ces vacances, l'équipe de cricket de Corfou demanda à Harold d'arbitrer son match dominical. Ravi, il accepta – avant de faire machine arrière. Ce rétropédalage ne lui ressemblait pas, mais la société Villas de Corfou s'était immiscée dans l'affaire pour l'avertir qu'il risquait de passer trois ou quatre heures sous le cagnard hellène. Du coup, nous n'arrivâmes que pour le deuxième tour de batte et assistâmes à la suite et fin du match dans un café prudemment ombragé dont la terrasse donnait sur le terrain.

Au lieu du pantalon blanc, les joueurs portaient un short soit blanc, soit bleu électrique. Mais leurs battes de cricket bien huilées venaient de la maison Gunn & Moore, détail qui surprit et impressionna Harold et les deux autres passionnés, mes frères Damian et Orlando. En matière d'équipement pour les férus de cricket, Gunn & Moore, c'était Rolls Royce. Tout en échangeant parfois un murmure, ils se concentraient sur le jeu. « Au cricket, disait Harold, il y a de la tension dans tous les matchs, grands et petits. »

L'HOMME DANS LA VOITURE

Un jour, une voiture se gara en face de notre maison familiale. De couleur sombre et crasseuse, c'était peut-être une Ford Vauxhall ou peut-être une Ford Cortina, avec son coffre exagérément long. Les modèles d'automobiles ne m'ont jamais intéressée. Celle-ci, pourtant, m'intrigua : elle était bordélique.

Par la suite, il m'arriva parfois de jeter un coup d'œil à l'intérieur. Un matelas sans garniture recouvrait la banquette arrière. Il y avait aussi quelques couvertures, des journaux, de vieilles hardes et beaucoup de sacs plastique. À l'occasion venaient s'y ajouter une écharpe en tissu rayé, deux ou trois paquets de chips vides ou une toupie pour enfant en fer-blanc qui brillait dans la lumière et faisait sûrement du bruit.

Parquée juste en face du 52, Campden Hill Square, cette guimbarde ne pouvait qu'attirer mon attention. Quand j'y repense, je me demande si son propriétaire, un clochard probablement, attendait quelque part que nous donnions signe de vie. Scrutant notre porte d'entrée, non sans beaucoup s'ennuyer.

De retour à Londres après St Mary's, je partais souvent en retard pour mon nouveau lycée, Queen's College, dans Harley Street. Je dévalais les marches en pierre de notre perron, puis courais vers le bas de la colline. Malgré ma hâte, je remarquais toujours si les vitres de la voiture étaient baissées ou non. L'étaient-elles que j'y voyais un signal : quelqu'un venait de passer. Un bref arrêt pour y penser, puis le petit théâtre de mon quotidien me faisait oublier le reste.

Bizarre, pourtant. On vivait alors sous le règne des permis de stationnement réservés aux résidents, et les contractuelles de Londres se faisaient un malin plaisir de glisser des « prunes » sous tous les pare-brise possibles. Pourtant, cette bagnole malpropre ne voulait apparemment pas quitter notre placette, située dans un quartier chic. Garée là en 1979, elle est restée environ une année. Par intermittence, disparaissant puis réapparaissant. Ignorant les contraventions : un vieux clou sans domicile fixe qui gratifiait l'autorité d'un doigt d'honneur général. Sans doute son propriétaire avait-il choisi Campden Hill en raison des rues en pente, trop raides pour le camion de la fourrière. Comme son nom l'indique, la place se trouve en haut d'une éminence assez escarpée. Durant l'hiver de 1963, quand Londres s'était couvert d'un épais manteau de neige, un docte professeur d'université et son fils avaient skié à partir du sommet. Loin des montagnes d'Autriche ou de Suisse, Campden Hill était devenue leur piste.

Nous avons fini par nous habituer à cette voiture. Rarement, nous apercevions son conducteur. Je me rappelle un personnage funèbre dans des teintes mi-grises mi-brunes, une longue gabardine tachée dans le bas. Lors d'un déjeuner dominical, nous discutâmes de ce drôle d'individu. De ses actions occasionnelles, comme la fois où il avait secoué ses sacs plastique par la fenêtre de son véhicule. Alors que Harold traversait Notting Hill Gate, un sans-abri assis sur le trottoir avait prononcé son nom, « Harold Pinter », puis craché par terre une grande giclée de salive. L'histoire me fit rire, mais je restai un peu incrédule. Puis je me demandai si c'était notre homme-mystère, celui dont le tacot était parqué dehors.

Naturellement, mention fut faite du *Gardien*, et des références à la pièce furent échangées. Jusqu'à un certain point, la vraie vie imitait l'art. Davies, le clochard renommé et manipulateur, revenait hanter le toujours méticuleux Harold. Certains journalistes attiraient l'attention sur cette minuscule affaire : un paragraphe lapidaire, pas plus. Il se passait tant de choses. D'autres sujets méritaient davantage d'être traités. Au Royaume-Uni, l'ère thatchérienne venait de commencer.

Aux élections générales de 1979, à rebours de ses convictions, Harold avait voté conservateur. Pour protester à titre personnel contre la grève au National Theatre, qui avait compromis la première de *Trahisons* quelques mois plus tôt, ainsi que d'autres productions, tel le *Plenty* [*Abondance*] de David Hare. Comme on l'a dit et répété, Harold voyait dans cette décision « l'acte le plus honteux de [sa] vie ». Huit petits mots, et il pesait chacun d'eux.

Bien qu'attaché à son confort et plutôt « gauche caviar » dans son mode de vie, de cœur il restait socialiste.

Selon certains économistes, il fallait bien une Thatcher pour sortir le pays du marasme. Je rencontre encore des hommes et des femmes éclairés qui m'affirment que leur vie a vraiment pris son essor avec l'accession au pouvoir de la « Dame de fer ». Sur le plan des affaires, il est vrai que la forte secousse imprimée à la société a réveillé le Royaume-Uni. Que beaucoup de barrières ont sauté. Pour vite aboutir, à mon humble avis d'expatriée, à la cupidité généralisée et à une totale amoralité. Tout pour l'individualisme et plus rien pour l'empathie. Comme si la Première Ministre avait dardé sa flèche dans l'âme d'une nation complexe, mais traditionnellement tournée vers les autres. Cela, le thatchérisme l'a profondément ébranlé. À toute vapeur, les esprits les plus brillants se sont rués non plus vers l'industrie, mais vers la plus lucrative finance. Servons-nous nous-mêmes, non notre pays. L'argent, l'argent, l'argent.

En général, nous autres Britanniques aimons l'autodérision rafraîchissante, nous moquer les uns des autres, prendre à partie les pompeux et les vantards. Et aussi l'humour macabre : nous rions à n'en plus finir d'une situation, d'une maladie où c'est la vie même qui est menacée. Les choses, c'est sûr, peuvent aller trop loin. Une « nation de boutiquiers », comme aurait affirmé Napoléon Bonaparte ? Disons plutôt un peuple émotif qui s'oublie dans l'alcool. Mais il existe aussi de notre côté de la Manche une curiosité raffinée, un goût innocent pour la découverte, sans lien avec le milieu d'origine. Avec Thatcher, cette légèreté a commencé de se dissoudre. Ces valeurs ont été dénigrées : des lubies, estimait-on, associées au vieux penchant national pour l'excentricité. Du coup, on s'est mis à considérer la bonté comme une faiblesse. Le sens moral s'est érodé. La droiture, la générosité ? Bonnes pour les pigeons. En peu de temps, le don inimitable des Britanniques pour l'amitié, pour l'acceptation des bizarreries et des faiblesses de caractère d'autrui, n'a plus été comme avant.

Quant au théâtre et aux autres arts, la brillante madame T. n'avait pas de temps à perdre avec la culture. Trop compliquée. Elle exigeait de la sensibilité. En ce domaine, sa politique s'est bientôt révélée un désastre absolu et, comme bien d'autres, Harold en a été horrifié. Lors de rencontres avec sir Peter Hall, alors directeur du National Theatre et qui se plaignait du manque de subventions, Thatcher rétorquait : « Prenez donc exemple sur Andrew Lloyd Webber. » Et, ce disant, elle fendait l'air de son index doctoral, geste menaçant dont les humoristes continuent de se moquer.

De l'avis de Thatcher, lord Lloyd Webber était « le grand produit d'exportation britannique », car, pour citer Michael Billington, le critique théâtral du *Guardian*, « il incarnait tout ce qu'elle approuvait : le talent entrepreneurial, une marque commerciale connue dans le monde entier, la capacité de faire rentrer de l'argent ». Je ne cherche pas ici à enterrer Lloyd Webber, compositeur de génie dans son genre et impresario exceptionnel, réputé pour ses triomphes sur les scènes internationales : *Cats, Evita, Le Fantôme de l'opéra* ou encore *Sunset Boulevard*. Mais tout le monde n'apprécie pas le vacarme de la comédie musicale. Pour citer de nouveau Billington, dans les décennies précédentes, le théâtre britannique « avait été fameux pour ses auteurs, ses acteurs et ses metteurs en scène ». Dans les années quatre-vingt en revanche, « à force de séduction, les grandes compagnies nationales ont été amenées à croire qu'une comédie musicale populaire constituait un passeport pour la survie ».

Sous le pouvoir thatchérien – de 1979 à 1990 –, Billington décrit le néolibéralisme comme « un passage du subventionnement public au sponsorat d'entreprise, une transformation de l'*Arts Council*, naguère organisme indépendant, en instrument de gouvernement, et une montée en puissance de la mentalité de citadelle assiégée dans les institutions artistiques ». Les batailles pouvaient commencer. Harold, avec beaucoup d'autres, les livrerait.

CHAPITRE DOUZE

« C'est très Pinter ! » et Thompson's

Dans les années soixante-dix, pour peu qu'une chose leur semblât étrange ou mystérieuse, Balthus et Verde Visconti se tournaient l'un vers l'autre et commentaient : « C'est très Pinter ! » Les échanges de ce genre, non seulement le peintre polonais et la décoratrice italienne s'en régalaient, mais ils les attendaient tous deux avec impatience. En conséquence, Verde n'avait pu résister au plaisir d'en parler à Harold. Ils s'étaient rencontrés au domicile de George Weidenfeld, qui publiait les livres de ma mère. Grand admirateur de Balthus, « M. Pinter » s'était montré ravi. Spontanément, il avait écrit « C'est très Pinter ! » et apposé sa signature.

Dans un tout autre esprit, cette anecdote me rappelle Thompson's. Du milieu des années soixante-dix à celui des années quatre-vingt, ce fut un des restaurants préférés de Harold. Un endroit vraiment « très Pinter ». Tenu par un couple de Français, il avait, grâce à son décor dépouillé et élégant, une forte ressemblance avec un bistrot de la Rive gauche : murs sombres, nappes à carreaux, huiles sur toile sans encadrement. Quelque chose, aussi, du Notting Hill Gate d'autrefois. Sans prétention, relativement abordable,

Thompson's faisait partie des « cantines » locales où se retrouvaient volontiers toutes sortes d'hommes et de femmes de plume ainsi que les bohèmes du quartier de Ladbroke.

Le restaurant a également accueilli des banquets de fête, tels celui que donna Harold à l'automne de 1979 pour la parution de *Charles II*, une des biographies signées de ma mère, et son déjeuner de mariage en novembre 1980. Au fil des décennies, Harold a toujours aimé prendre ses marques dans un espace et s'y créer un mini univers à l'intérieur d'un plus grand. Par la suite, c'est ce qui s'est passé dans des restaurants comme Orso's, Cibo's et The Ivy.

Tout différent, c'est Thompson's dont le nom éveille en moi le plus de résonances. Il me rappelle l'amour de Harold pour Paris. Et, non sans nostalgie, ses rencontres avec Sam Beckett, les mois passés à écrire pour Joseph Losey l'adaptation scénaristique du grand œuvre de Marcel Proust et son amitié partagée avec son traducteur français Éric Kahane. Chez Thompson's, il y avait une salle plus petite en bas d'un escalier en colimaçon. Là se dressait une longue table entourée de chaises de bistrot en osier au dossier en forme de violon. On y était un peu serré, mais c'était une partie du plaisir, car, de même que l'étroitesse de la table, cette exiguïté créait une intimité immédiate.

En règle générale, le mode de vie de Harold, auteur prolifique qui menait la grande vie tout en restant politiquement engagé, semblait mieux accepté en France que dans son pays. De son vivant, on constatait une certaine défiance de ses compatriotes à l'égard d'un créateur qui prenait la politique au sérieux et ne faisait pas mystère de ses convictions. Une sorte d'outrance, admissible à la rigueur de la part des politiciens de profession, des avocats des droits humains et autres « MM. Bons-Offices ». Mais les autres devaient choisir leur pâturage et n'en pas franchir la clôture. Citons le nouveau tome des *Journaux* de sir Peter Hall, qui porte sur l'année 1999 : « Le Royaume-Uni est le seul pays d'Europe où le mot "intellectuel" reste une insulte. » Peut-être convient-il de noter au passage qu'au sein des gouvernements britanniques, le ministre de la Culture détient aussi le portefeuille des Sports.

Après la collaboration de Harold et de Joseph Losey sur *The Servant, Accident* et *Le Messager*, le projet final du duo était l'adaptation pour l'écran du chef-d'œuvre de Proust. « Sur le plan professionnel, a écrit Harold au moment de la publication du *Scénario Proust,* mon travail sur *À la recherche du temps perdu* m'a fait vivre la plus belle année de ma carrière. » Savourant la moindre bribe de cette expérience, il avait joint ses forces à celles de Losey et de Barbara Bray, autorité proustienne mais aussi traductrice distinguée d'écrivains comme Marguerite Duras. « Nous avons décidé que l'architecture du film se fonderait sur deux dynamiques principales et antinomiques : la première, un mouvement avant tout narratif vers la désillusion ; la seconde, plus intermittente, vers la révélation, s'élevant jusqu'au point où le temps perdu est retrouvé et fixé à jamais par l'art. »

Après l'écriture du scénario du *Messager* – qui, adapté du roman de L. P. Hartley, raconte la liaison sans espoir entre Marian la sensuelle aristocrate et Ted, un fermier du domaine –, Harold s'était donc attaqué à l'univers du Paris mondain de la Belle Époque. Une société assez nouvelle pour lui, mais dont les attitudes incarnaient la rigidité et l'obsession des conventions. Avec le temps, à Londres, les mariages de jeunes hommes bien nés avec des comédiennes, voire des danseuses de cabaret, avaient fini par être acceptés. Pas à Paris, comme l'illustre l'amour tragique de Charles Swann pour Odette de Crécy, une demi-mondaine sans cœur.

Comme celui du *Messager*, le script que Harold a tiré d'*À la recherche du temps perdu* constitue un texte clef dans la création pinterienne. Ce titre, il le prononçait avec délectation. « On trouve tellement de strates en creusant l'œuvre de Proust ! a-t-il déclaré à *The Observer*. En dehors de l'acuité de l'analyse, il y a son merveilleux sens visuel. Quelque chose de stupéfiant. » En innovateur doué de génie, Harold, dans ses premières pièces, avait dévoilé un monde qui n'appartenait qu'à lui. Pour ne pas se répéter ni risquer de s'enfermer, il lui fallait aborder de nouveaux rivages. Se sont ensuivis *Le Messager* et *À la recherche du temps perdu*, puis bien entendu la vie avec ma mère, avec tout ce qu'elle pouvait lui apporter.

La foi de Harold dans ce « projet Proust » s'est manifestée avec évidence quand il a choisi de partir se terrer tout seul à l'hôtel Meurice, puis d'accompagner Losey lors de ses rendez-vous avec des producteurs, des banquiers d'affaires et autres grands financiers. Comme souvent dans l'industrie du cinéma, l'intérêt semblait authentique, mais, tout en réchauffant l'ego des deux créateurs, ces discussions au coin du feu ont éveillé de faux espoirs. Jamais ces messieurs n'ont offert de cigares pour fêter un contrat signé. Face à un projet redoutablement ambitieux, peut-être l'âge et surtout le caractère de Losey ont-ils suscité leurs craintes. Le cinéaste obéirait à la profondeur et à la grandeur littéraire de son modèle, mais se soucierait moins de réussite commerciale. En 1983, son confrère Volker Schlöndorff, célèbre pour son *Tambour*, devait parvenir à trouver les fonds pour tourner *Un amour de Swann*. Mais malgré la réunion d'une pléiade de talents internationaux, l'accueil du film s'est avéré médiocre.

Dans ses lettres hebdomadaires, ma mère me racontait comment les choses évoluaient. Enfermée dans mon pensionnat, ses courriers de Paris éveillaient en moi des sentiments partagés. Impossible de ne pas me sentir à mille lieues des boutiques de la Rive gauche, des visites aux galeries d'art et des dîners avec Beckett, Barbara Bray et Éric Kahane.

Les traductions d'Éric avaient rendu florissante la réputation de Harold à Paris. D'emblée, en France, l'œuvre de Pinter avait joui d'une grande admiration de l'*establishment* théâtral et de l'intelligentsia et été servie par la crème des acteurs du pays. Face aux caméras de télévision, Éric savait aussi en expliquer les enjeux avec beaucoup d'érudition. Ses interventions dans des émissions en noir et blanc, avec son costume foncé, sa mince cravate et sa cigarette à la main, ne pouvaient qu'emporter l'adhésion. Je trouvais pour ma part ce lettré profondément sérieux un brin macho et « vieille école ». Mais à Paris, il était l'homme de Harold. Il y avait là quelque chose d'émouvant, de même que dans la loyauté de Harold et dans sa gratitude. Très dévoués l'un à l'autre, leur amitié se fondait sur la culture et la finesse qui les caractérisaient, mais aussi sur les rencontres où ils dégustaient verre après verre d'excellent vin.

Il y avait tout lieu d'admirer le passé d'Éric, en particulier le courage dont avait fait preuve ce jeune juif au cours de la dernière guerre. Refusant de fuir la France occupée, il avait osé s'installer à la campagne pour y travailler dans une ferme. Et il faut dire que c'est la prose d'Éric qui a fait connaître aux lecteurs français Beckett et William Burroughs, mais aussi la *Lolita* de Nabokov, cause littéraire célèbre et scandaleuse. Il avait de surcroît confirmé sa réputation en traduisant en anglais des romans français osés comme *Histoire d'O* (1954) ou *Zazie dans le métro* (1959).

Initiateur à Paris d'un véritable culte pinterien, il est d'une profonde tristesse qu'Éric ait été trop malade pour assister à la cérémonie des Molières de 1998, où Harold s'est vu remettre un Molière d'honneur pour l'ensemble de son œuvre. Qu'il n'ait plus été de ce monde quand, en l'an 2000, la Comédie-Française a représenté *Le Retour* (il était décédé en octobre de l'année précédente, à l'âge de soixante-treize ans), et qu'il ait aussi manqué l'annonce que son auteur fétiche avait remporté le prix Nobel de littérature en 2005.

Si Éric était l'âme du Paris pinterien, la romancière Emma Tennant, ma marraine, était celle de Thompson's. Avec son esprit de pionnière, je ne doute pas que ce soit elle qui ait fait découvrir le restaurant à Harold et à ma mère, une de ses meilleures amies. Chose insolite à l'époque, Emma parlait admirablement le français, se jouant des subjonctifs et autres complexités. La précision de la langue avait conquis cette « sang bleu » cérébrale. Fille du baron Glenconner, Emma était la demi-sœur de Colin Tennant, grand ami de la princesse Margaret et propriétaire de la petite île de Moustique, dans les Grenadines, repaire de riches, de célèbres et de titrés où celle-ci aimait se réfugier. Elle se montrait une force de la nature, qui semblait tenir et brandir un sabre invisible. Silhouette statuesque avec son épaisse toison de cheveux gris et ses jambes interminables, elle a laissé au fil des ans la partie haute de son corps devenir trop imposante, mais, par sa classe et son humour, n'en a pas moins conservé un charme merveilleux, accentué par sa voix chaleureuse.

On voyait rarement Emma hors du Thompson's, situé à quelques minutes de sa maison et de son bureau de Blenheim Crescent. Cette figure du monde des lettres aux airs de Jeanne d'Arc un tantinet dépenaillée publiait des fantaisies noires d'inspiration gothique et des récits féeriques postmodernes, ainsi que des *sequels* et des *prequels* de grands classiques comme *Orgueil et Préjugés.* Propriétaire de la revue *Bananas,* elle en était aussi la rédactrice en chef et faisait imprimer la publication sur du papier journal pour que rien ne distraie le lecteur du texte écrit.

Lors du dîner de Harold pour la parution de *Charles II*, j'ai observé Emma qui s'imprégnait du plus petit détail. Me demandant ce que ma marraine pouvait bien penser dans sa tête, car je connaissais peu de gens aussi espiègles. Debout et levant son verre, Harold se lança dans un bref discours. Avec une tendresse non dissimulée, il décrivit ma mère quand elle était apparue en haut de l'escalier. « J'ai fini ! » s'était-elle écriée. Baignée de lumière, elle lui avait fait penser à un ange.

Puis les amis s'attroupèrent autour de maman. La tête nous tournait un peu, mais tous, nous espérions des critiques enthousiastes. Emma se détachait du groupe en raison de sa très haute taille. Elle ne put se retenir :

« Antonia, murmura-t-elle, on dirait que tu as perdu au moins quatre kilos pour mieux fêter ton bouquin. Mais sache que demain matin, tu les auras repris. » Ma mère éclata de rire. Son sens de l'autodérision expliquait que les deux femmes soient restées des amies si proches. Emma osait l'appeler « Ants » – diminutif d'Antonia –, ce que personne d'autre ne se serait permis.

L'existence de *Bananas,* qui devait son titre au film burlesque de Woody Allen, constituait un exploit dont seule Emma était capable. Bien informée autant que solidaire, elle se plaçait toujours résolument du côté des écrivains – ce qu'illustre sa bienveillance à l'égard de romancières octogénaires comme Rebecca West, Jean Rhys et autres monstres sacrés. Un peu pirate, elle connaissait des déboires financiers qui la confrontaient aux autorités, lesquelles ne manquaient pas de l'irriter. Pour autant, Emma s'arrangeait toujours pour écrire un roman par an, tout en se montrant une maman dévouée pour Matthew, Daisy et Rose, nés de trois pères différents.

Sur elle, les anecdotes sont innombrables. L'une d'elles a trait au parrain de Matthew, absolument inepte en matière de cadeaux. Pour combler cette insuffisance, il avait demandé à Emma quelques idées. « Et pourquoi pas une voiture ? » avait-elle suggéré, avant d'épeler le mot devant sa stupéfaction : « V, O, I, T, U, R, E. » Je revois Harold éclater de rire en écoutant cette histoire. Il aimait son toupet, sa liberté d'esprit.

Connu pour son flair de chien truffier, Emma avait publié *La Compagnie des loups* dans son magazine. Ce conte merveilleux de la romancière Angela Carter, qui devait devenir un triomphe du grand écran. Quant à l'auteur de science-fiction J. G. Ballard, il jouait à la fois les rôles d'éditeur et de contributeur de *Bananas* et de présence constante aux côtés d'Emma, imaginant une nouvelle pour chaque numéro publié. Les autres astres du monde littéraire comprenaient Ruth Fainlight, Heathcote Williams et Ted Hughes, poète-lauréat (autrement dit poète officiel de Sa Majesté). Ont aussi figuré des œuvres de Beryl Bainbridge, de Bruce Chatwin, de Philip Roth et bien entendu de Harold.

Comme Emma avait l'impudence de s'attaquer à la domination patriarcale au Royaume-Uni, cherchant à en dénoncer et à en moquer la superbe, elle mettait en fureur quelques messieurs. Mon propre père, son cousin, manifestait une certaine désapprobation, ce qui ne lui ressemblait pas. En galant homme, il avait pris la défense de la féministe Germaine Greer contre Nigel Dempster, chroniqueur de ragots dans la presse. Pas de doute : Poppa voyait en Emma un agent provocateur et, peut-être, l'accusait en privé d'avoir eu une influence sur son ex-femme, tant les deux semblaient complices. Dans la haute société britannique, on la considérait avec méfiance depuis la sortie de son premier livre, *The Colour of Rain,* en 1964. On a parfois défini cette longue nouvelle comme une « comédie des erreurs », mais il s'agit en réalité d'une œuvre à clefs ereintant le milieu d'origine de son autrice, en particulier sa meilleure amie d'alors, Ingrid Guinness.

Sentimentalement aventureuse, Emma comprenait comme personne le chagrin des amours déçues, allant jusqu'à me prêter le cottage à la campagne où elle passait ses week-ends pour que j'y soigne une peine de cœur. Ma marraine avait ceci de rafraîchissant qu'à ses yeux, c'était toujours l'homme le coupable. Sa conception de l'amour, franchement assez « rock 'n' roll », s'est illustrée dans le choix des trois pères de ses enfants et, plus tard, le poète Ted Hughes. Après sa rupture avec ce dernier, *Burnt Diaries* [*Journaux brûlés*], son portrait de cet ancien mari de la poétesse suicidée Sylvia Plath, osa montrer le personnage sous un jour on ne peut moins flatteur.

Féministe en avance sur son temps de plusieurs décennies, le courage d'Emma faisait l'admiration de Harold. Elle pulvérisait interdits et conventions et, en cela, mon futur beau-père se tenait à ses côtés, impressionné par son savoir et par son aptitude à empoigner les concepts. Il y avait aussi la profonde gentillesse d'Emma, la délicatesse de ses attentions. Après avoir publié une version illustrée de *Family Voices,* la pièce radiophonique de Harold, elle avait préparé un gâteau pour en fêter la parution. Le glaçage du gâteau était blanc, mais le titre sur le dessus ressortait en lettres roses. Elle avait bien entendu réuni les invités Chez Thompson's. Jusqu'à la fermeture définitive du restaurant, on ne pouvait guère manquer d'y trouver l'Honorable Emma Tennant, bien installée à une table et en grande conversation.

LES DEUX DIVAS

Après six ans de pensionnat, je revins habiter sous le même toit que ma mère. La perspective nous enthousiasmait l'une et l'autre – pour ma part, je portais aux nues aussi bien la personne de maman que la vie qu'elle s'était choisie –, mais la réalité me fut un choc. La vérité, c'est que j'avais changé. À seize ans, je partageais déjà sa force de caractère. En conséquence, bien que notre maison de Campden Hill fût immense, nous avions nos moments de grabuge. Si je trouvais exaspérant son besoin de tout régenter, elle avait ses propres griefs : j'apportais le désordre dans son délicieux nid d'amour.

L'irritation alla *crescendo* un jour où, servant le thé, je m'entendis demander en français un *nuage* de lait. Je ne compris pas sa requête. Non plus que je n'appréciai son attitude condescendante envers mon ignorance de la langue de Molière, surtout venant d'une personne qui parlait français « comme un vieux godillot », selon le jugement peu charitable de mon père.

Quelques jours plus tard, ma mère me suggéra d'aller m'installer chez lui, alors qu'il n'avait pas de place pour m'héberger : son petit appartement ne contenait qu'une seule chambre.

Grâce soit rendue à Harold *in saecula saeculorum :* jamais il ne se mêlait de nos chamailleries. À ma mère et à moi de nous en débrouiller. Pas son genre d'aviver les tensions ou d'empoisonner l'atmosphère. Et si mes amis et amies se plaignaient de leurs beaux-pères, moi, j'étais contente du mien. Harold se montrait admirablement facile à vivre et, au cours de ces années, pas une fois, que je me souvienne, nous n'avons croisé le fer. Comme moi, il allait droit au but. « Harold et toi êtes trop honnêtes, a un jour commenté ma mère, qu'il me semble parfois que vous vivez votre vie avec un grave handicap. » En dépit de tous nos défauts, je doute que lui ou moi aurions pu faire autrement.

En metteur en scène de grande expérience qui avait travaillé avec d'innombrables actrices, il avait bien compris les réactions des egos et les dynamiques à l'œuvre selon les générations. Il n'est pas rare qu'une comédienne très jeune se montre dure ou orgueilleuse. Or, comme la plupart des filles de mon âge, j'étais coupable des deux.

Tout cela me plongeait dans une grande confusion. Au temps du pensionnat, mes relations avec ma mère avaient été excellentes, mais limitées dans le temps : nous savions toutes les deux que je repartirais pour mon couvent-école. Alors que maintenant, je m'étais définitivement installée à la maison.

Plusieurs amies à moi vivaient la même situation. L'explication prévisible ? L'affaire se réduisait à une rivalité féminine : une jeune fille en fleur de seize ans face à une mère de quarante-sept. La vérité était plus compliquée. Il est dans la nature des femmes de défendre leur territoire, avec une force parfois terrifiante. Comme on le voit dans la fiction, il y a beaucoup plus de belles-mères cruelles que de beaux-pères. Sans doute à cause du besoin passionnel de protéger le fief où elles commandent et, dans ce fief, le chéri de leur cœur.

À titre de représailles, certaines de mes amies s'exhibaient en minijupe ou bikini. Histoire d'irriter leur mère en faisant parade de leur jeunesse. Une attitude que je jugeais sans intérêt. Tant pis si nous sommes peu à le penser : je trouve les femmes dans la maturité plus belles à regarder que les tendrons. Les charmes juvéniles me touchent moins que l'expérience, me parlent moins que l'expressivité. Au surplus, non seulement ma mère était radieuse et follement amoureuse, mais elle menait dans les lettres une carrière exceptionnelle.

Mais près de ma mère, je me sentais indésirable. Nous échangions beaucoup de barbillons inutiles, puis c'était moi qu'elle accusait toujours de surréagir. En règle générale, elle se montrait plus à son aise avec mes frères. Solide comme un pilier, Harold, pour sa part, semblait « aussi constant que l'étoile du berger ». Se faufilant avec souplesse entre les buissons épineux, il s'abstenait du moindre commentaire, dans un sens ou dans un autre. À la maison, il avait une âme de conciliateur. Entre ses mains agiles, ce juge-là tenait une balance invisible.

Preuve du côté mesuré et raisonnable qu'il y avait dans son caractère, nul n'aurait pu prendre sa justice en défaut.

Puis la situation s'améliora quand je me fis des amis et amies plus nombreux et commençai de me créer une vraie vie sociale de jeune Londonienne. Dans une certaine mesure, un retour à mon enfance : je m'enfuyais dans les maisons des autres.

Une personne portée à l'étude se serait immergée dans le travail. Pour moi, celui-ci était une absolue nécessité. J'étais censée bûcher dur pour passer mes *A-Levels* si je voulais être admise dans une université. Mais je préférai m'échapper grâce à des gens plus vieux que moi : pour beaucoup, des aristocrates intelligents mais à l'esprit borné. J'éprouvais un besoin d'appartenance, et le réseau social de mon père m'aida beaucoup, bien que ce dernier fût tout sauf un homme enfermé dans son milieu d'origine. Je l'avoue, j'aimais ce monde si éloigné de celui de ma mère. Un sentiment y persistait : celui qu'elle avait fui sa caste. Ou plutôt, qu'elle s'en était détournée, mais pour retomber ensuite sur ses deux pieds. L'un et l'autre l'exaspéraient.

CHAPITRE TREIZE

L'oncle Lou et les cinquante ans de Harold

Déménager dans notre rez-de-jardin signifiait que je disposerais désormais de ma propre entrée. Cette indépendance nouvelle transforma ma vie et mon humeur. Au-dessus de mon lit s'étalait une grande affiche du *Messager*, une affiche française, en français. Capté dans le feu de l'action, le jeune acteur Dominic Guard court à toutes jambes apporter une missive. Le vert forêt de sa tenue suggère la luxuriance de la campagne, mais son expression est anxieuse.

L'affiche rappelait d'excellents souvenirs à Harold : au Festival de Cannes de 1971, *Le Messager* avait remporté la Palme d'or. Et puisque les nuages familiaux s'étaient enfin dissipés, ma mère et lui se marieraient le 9 octobre 1980, la veille de son cinquantième anniversaire. Pour préparer ce joyeux événement, ils s'étaient assuré les services de lady Élizabeth Anson, une des cousines de la reine, mais surtout la Mary Poppins de la haute société. Hôtesse incomparable, elle saurait apaiser les tensions créées par l'invitation de centaines de personnes et l'organisation des festivités.

Que d'excitation dans l'attente de ce mariage ! Puis il se transforma en pseudo-cérémonie à cause de l'épouse de

Harold. Au dernier moment, Vivien Merchant refusa de signer les ultimes papiers du divorce. Cette décision inattendue empêcha Harold et maman de se marier le 9 octobre à midi comme prévu. Mais puisqu'ils attendaient tous leurs amis pour la fête, ils firent comme s'ils s'étaient dit oui.

Personne ne remarqua ce *shemozzle* matrimonial, pour employer un mot yiddish, signifiant « pagaille », que ma mère affectionnait. Et ce fut une soirée à marquer d'une pierre blanche, qui s'enchaîna à minuit sur la célébration des cinquante ans de Harold.

Comme pour marquer une apothéose, la liste des invités couvrait des décennies de vie personnelle et professionnelle. Elle comprenait des acteurs et actrices célèbres, des historiens, des romanciers et des auteurs dramatiques. Si une méchante fée était venue endormir tout ce monde, beaucoup auraient été plongés dans le sommeil à l'apogée de leur carrière. Malgré toute la crânerie de mes dix-sept ans, je me rappelle avoir regardé autour de moi et m'être soudain sentie humble. Tout le monde bavardait avec animation. Dans une absence totale de gêne, les gens, immergés dans la fête, mangeaient, buvaient, riaient.

En arrivant, ils tendaient leur manteau, leur fourrure ou leur étole en échange d'une coupe de champagne. Précédés à travers le salon, ils descendaient jusqu'à la marquise dressée dans le jardin, où Harold et ma mère les accueillaient.

Lui avait choisi un costume sombre, mais maman arborait une robe en jersey blanche signée Jean Muir, sa styliste préférée. Créée pour l'occasion, pailletée de cercles et d'étoiles diamantés qui accrochaient la lumière, cette robe la faisait resplendir de la tête aux pieds. Elle avait relevé ses cheveux blonds et ses longs pendants d'oreilles en cristal de roche se balançaient et scintillaient. Le ravissement de bonheur qui la transportait avait quelque chose de surnaturel, mais aussi de contagieux, qui répandait la joie tout autour d'elle.

La réception brillait par la présence de grands comédiens pinteriens, tel Jeremy Irons et beaucoup d'autres. Aussitôt reconnaissables, leurs visages formaient comme une guirlande de lumières. D'autres personnes avaient répondu présent, qui avaient joué un rôle clef dans sa carrière. L'imprésario de théâtre Michael Codron, le premier à avoir cru en sa pièce de jeunesse *L'Anniversaire*. Le peintre Guy Vaesen, qui avait rencontré Harold, alors acteur inconnu, au temps où il jouait le répertoire à Bournemouth. Et aussi David Aukin, directeur artistique du Hampstead Theatre à l'époque où la compagnie avait monté *Le Chauffoir*, et qui avait réussi à faire représenter la production dans le West End, toujours une sorte d'exploit.

En promenant les yeux sur la réception, on remarquait dans le fond les plus de soixante-quinze ans qui faisaient front. La romancière Rebecca West ou mes grands-parents Frank Pakenham et Élizabeth Longford semblaient proclamer : « Vous voyez ? Nous sommes toujours debout ! » Et il y avait aussi un des oncles de Harold, Lou Moskowitz, le plus jeune frère de sa mère, un petit monsieur soigné et bien mis. Tout en bavardant avec Jack et Frances Pinter, je distinguai que l'oncle Lou regardait autour de lui, puis s'appliquait à noter les noms des invités. L'affaire était sérieuse, suggérait le carnet qu'il tenait à la main. Quand je m'assis à côté de lui, il me demanda qui étaient certaines de ces personnes. Je pus le renseigner pour les amis de la famille et pour des vedettes de la télévision comme Joanna Lumley.

Le griffonnage consciencieux de l'oncle Lou ne passait pas inaperçu. Harold avait l'air ému et aussi un peu incrédule devant la ténacité de son oncle célibataire. Des années plus tard, quand Lou a légué sa maison à Harold, celui-ci a été pris au dépourvu. Il fit le nécessaire pour que la maison revienne à un couple qui s'était occupé de Lou dans ses dernières années.

La seule absente notable de la soirée était Delphine Seyrig. On avait espéré que la grande comédienne française, bien connue pour ses rôles dans plusieurs pièces de Harold, ferait le voyage de Paris.

Les photos en noir et blanc de Sophie Baker ont immortalisé la fête. On y voit mon grand-père faire du charme à de grandes dames du théâtre, telle la légendaire Peggy Ashcroft, ou une petite foule rassemblée autour de Dorothy Tutin. Cette étoile de la scène britannique exerçait une séduction magnétique.

Et puis, il y avait le toujours fascinant Michael Codron. Petit, cambré, élégant, ce qui se dégageait de lui était le pouvoir occulte d'un sagace et brillant homme d'affaires.

Son audace couronnée de succès quand il avait produit les pièces de John Osborne, de Simon Gray et de Tom Stoppard, encore inconnus, avait valu à Codron – qui reconnaissait n'avoir pas de temps à perdre avec la comédie musicale – une admiration amplement méritée. Cet intellectuel et faiseur de rois avait la passion des idées et du langage. Plus tard, il devait déclarer que si *L'Anniversaire* l'avait séduit, c'était parce que Harold avait écrit une pièce juive. Consciente que l'imprésario régnait sur une cour à laquelle je n'appartenais pas, je me contentai de l'observer à distance.

Tom Stoppard, en revanche, s'était assis à côté de lui. Ce que tous les dramaturges présents avaient en commun était une voix ensorcelante, bien que différente, et un humour incomparable. Avec son épaisse toison de cheveux, Simon Gray frappait par sa haute taille, mais son apparence avait quelque chose d'indolent. Il avait les épaules larges, le corps souple, et une cigarette n'était jamais loin de ses lèvres charnues. Chaleureux et accessible, Ronnie Harwood dégageait une intense énergie intérieure et un charme irrésistible. Excellent joueur de tennis, on l'imaginait aisément en attaquant déchaîné sur les courts.

C'étaient trois personnalités très différentes. Tom Stoppard ? Le dandy par excellence. Fort bel homme, j'avais fait sa connaissance des années avant de rencontrer Harold, mais je le trouvais énigmatique. Sentiment frustrant, d'autant plus que tout le monde semblait adorer Tom, même mes cousins Fraser les plus exigeants. « Il est si gentil, si généreux, si drôle ! » entendais-je proclamer en continu. Il l'était et il le reste. Toutefois, je le sentais protégé par une coquille impénétrable. Jusqu'à ce que je le voie amener ses deux jeunes fils dans notre jardin. Telles des versions miniatures de leur père, avec leur épaisse chevelure et leurs yeux sombres, ils semblaient assez perdus. Mais Tom était là pour pourvoir tendrement à leurs besoins : il leur coupait leur viande – « Vas-y, tu peux manger », leur disait-il d'une voix douce – tout en nous parlant d'une pièce russe cérébrale qu'il avait vue récemment.

Plusieurs mois après le mariage, Tom rendit visite à Harold. Prêtant timidement l'oreille, je découvris d'autres conquêtes que lui avaient permis d'engranger ses succès : une épouse aussi belle que brillante, un vaste domaine à la campagne, les réceptions qu'il donnait. Après son départ, je demandai à Harold s'ils avaient eu un désaccord. « Oui, me répondit-il. Tu es une fine mouche de t'en être aperçue. »

Mon beau-père admirait John Osborne, mais ce dramaturge novateur, et aussi très bon acteur, ne faisait pas partie du cercle de ses intimes. Durant la réception, il était le seul à porter des lunettes fumées. Pour cette raison, il me fit penser à Cyril Kinnear, le personnage qu'il incarne dans le film *La Loi du milieu*. Après avoir bavardé, Harold et lui prirent la pose devant l'objectif de Sophie Baker, jusqu'à ce que Peter Langan, le tonitruant propriétaire de restaurants, les écarte au pas de charge.

Novateur dans son domaine, Langan n'était pas moins un ivrogne tapageur. Se présentant comme un éternel amuseur, le bonhomme était capable de tomber à quatre pattes pour mordiller les chevilles de ses clientes. Le raffinement exceptionnel de ce qu'il servait contrastait avec son comportement. C'est grâce à Langan que j'ai découvert à quel point la sauce hollandaise pouvait être délicieuse, de même que certaines barquettes de pâte feuilletée croustillante servies avec des œufs de caille mollets à point. Des merveilles. Et sa crème brûlée faisait oublier toutes celles qu'on avait pu déguster. Mais dans ses dernières années, l'arrivée de Langan pouvait carrément donner le frisson. On aurait cru un chien enragé au poil frisé.

Tragique. Car cet oiseau rare possédait de nombreux talents. Avec une conscience aiguë des désirs de sa clientèle, il comprenait, par exemple, l'importance d'un éclairage parfait, comme le lui avaient enseigné les grands restaurants parisiens. Du moment que les gens se sentaient bien, et surtout beaux, ils restaient plus longtemps et commandaient plus de vin. Quand on dînait Chez Odin, le premier en date de ses établissements, l'expérience restait gravée dans la mémoire. Sombre, le décor avait quelque chose de matriciel, mais il était égayé par des parapluies retournés et capricieusement pendus au plafond, ainsi que par des œuvres de Patrick Proctor, de David Hockney et d'autres artistes de ses amis qui couvraient presque entièrement les murs.

J'y suis allée avec Harold, qui connaissait ce Falstaff des temps modernes depuis les années soixante. À ma surprise, sans même nous demander la permission, le restaurateur vint s'asseoir à notre table. Connu pour arborer un tablier ensanglanté et brandir un couteau de boucher, Langan portait ce soir-là un costume trois-pièces de couleur grise à fines rayures. Les boutons du gilet semblaient près de sauter tant il était tendu sur sa bedaine. Bien qu'il fût d'humeur blagueuse, j'ai senti sous ses facéties que ce poussah en sueur avait une nature de tyran.

Me lorgnant du coin de l'œil, il demanda qui j'étais. « La fille d'Antonia, notre belle et adorable Natasha, répondit Harold. – Est-ce qu'elle a au moins de jolies guibolles ? » interrogea Langan. Souriant, Harold lui garantit qu'elles étaient irréprochables. Faux. J'étais une ravissante gamine de treize ans, affligée de problèmes circulatoires. Mais je sus gré à Harold de me défendre.

Pas de doute : ils avaient l'habitude de se « chambrer », mais Langan connaissait les limites à ne pas franchir. Certes, il était copain avec de puissants chroniqueurs de potins – c'était aussi son métier –, mais aux Pinter et autres personnes du même milieu, il réservait un traitement de faveur. À la Brasserie Langan, son restaurant des années quatre-vingt dans Stratton Street, les stores, comme par défi, restaient constamment levés. Ainsi l'enfilade des fenêtres lui permettait-elle d'exposer aux passants le prestigieux éventaire de sa clientèle. Mais quand Harold et ma mère venaient dîner, il les gardait fermement baissés.

Plusieurs amis trouvaient cela ridicule. « Ils se prennent pour qui ? disait-on. Si on va manger chez Langan, c'est pour être vu, non ? » L'argument tenait la route. Quoi qu'il en fût, je trouvais plus prudent d'éviter Langan quand je le croisais. Parfois, il me regardait et un bref éclat dans ses yeux disait qu'il m'avait reconnue, mais ensuite il s'en fichait. Son attention, son énergie, il les gardait pour les célébrités.

Si Langan se délectait de tarabuster ses clients, John Osborne se délectait d'en faire autant avec les grandes plumes de la critique. Les soirs de première, sachant à qui il aurait affaire, il convoquait la presse culturelle et lançait verbalement l'assaut. Harold en aurait été incapable : une telle attitude contrevenait à toutes ses convictions. Pourtant, quand on parlait des turlupinades d'Osborne, un discret sourire apparaissait sur son visage. C'était l'époque où Michael Billington, Milton Shulman et autres signatures prestigieuses de la critique théâtrale jouissaient d'un pouvoir sans partage.

Le lendemain de ses cinquante ans, Harold reçut d'Osborne un tout petit paquet. Il contenait des boutons de manchette de couleur violette sertis d'argent, probablement des améthystes. Un billet griffonné révélait qu'Osborne comptait offrir cette parure à un membre de sa troupe pour célébrer une première, puis avait changé d'avis. « Putain, non et non. Celui qui les mérite, c'est Harold ! » Celui-ci a serré un instant l'écrin dans sa main. Le geste, de toute évidence, le touchait.

Ce cadeau lui rappelait combien Osborne et lui venaient de loin. Les « jeunes hommes en colère » de la fin des années cinquante avaient maintenant pris de l'âge. Pourtant, il y avait chez Harold une tendresse qui ne changeait pas. En gentil garçon juif qu'il était toujours resté, il adorait ses parents et ses beaux-parents et avait pour ses aînés autant de compassion que de respect. Osborne n'était pas comme lui. Il haïssait Nellie, sa mère, une ex-serveuse de bar cockney, et ses mémoires n'en font pas mystère. « Elle a été une maladie dont je souffrais, et dont j'étais destiné à souffrir jusqu'à sa mort », a-t-il déclaré à son décès en 1983. Autant de vitriol au visage de Jill Bennett, la quatrième de ses épouses, populaire et admirée. Dans ses mémoires, il surnomme « Adolf » cette actrice extraordinairement douce, qui s'est suicidée en 1990.

Je ne me lasserai jamais de le répéter : Harold était immensément fier de sa famille et de ses racines. Difficile à accepter de la part de certains Britanniques attachés aux prérogatives de classe. Pour preuve, ce qui advint peu après que Sonia Melchett, vénérée pour son salon fréquenté par les hommes politiques, eut donné une somptueuse soirée, le fameux « bal en noir et or ». C'était quelques semaines après les cinquante ans de Harold, et le magazine *Tatler*, sorte de *Point de vue* britannique, a couvert l'événement. La publication venait de recevoir un grand coup de jeune grâce à l'action énergique de Tina Brown, sa nouvelle rédactrice en chef.

Souvenirs des années Thatcher, les photos du bal, sensationnel étalage de luxe et de tape-à-l'œil, montrent l'hôtesse en compagnie de Joan Collins en robe de lamé or qui laisse une épaule dénudée. Mais le texte cite erronément Harold au sujet des danseurs. Il lui fait dire : « Mon problème, c'est qu'on dansait autrement à Hackney. »

De bout en bout, la phrase est une invention d'un des laquais de Tina. Et Harold en sauta au plafond. Ce fut le ton d'excuse, surtout, qui lui tourna les sangs, d'autant plus qu'il se montrait fort dynamique sur les pistes de danse. Mais Miss Brown prit la défense de son pisse-copie qui m'a également mis dans la bouche des mots que je n'ai jamais prononcés. (À l'en croire, j'aurais comparé quelqu'un à « un lit défait ». Amusant, mais ce n'est tout simplement pas mon langage.)

Suivirent des échanges orageux. On ne connaissait ni les fax ni les e-mails, et leurs courriers leur étaient apportés par des coursiers en taxi. Je m'étonnai que Harold prenne non seulement cette bonne femme au sérieux, mais admire son effronterie. Je reconnais qu'après m'avoir interviewée pour *Tatler*, Tina Brown a publié un article assez drôle – mais si quelqu'un était maladroit et complexé, ce n'était pas notre Harold.

CHAPITRE QUATORZE

Le garçon d'honneur de Harold

C'était un de ces après-midi d'automne qui enivrent le cœur. Un grand ciel bleu, des nuages blancs joufflus, la hauteur vertigineuse des châtaigniers. Et de longues barrières en métal dans Hyde Park. J'étais en route pour une projection de *Napoléon*, l'épopée muette d'Abel Gance. En cette fin de l'année 1980, on dévoilait au public le chef-d'œuvre restauré, accompagné d'un orchestre dirigé par Carl Davis, le célèbre compositeur. N'était prévu qu'un petit nombre de séances, mais on disait déjà que *Napoléon* faisait partie de ces œuvres capables de changer la vie.

Flots de lumière, encombrements, klaxons, puis l'apparition de deux silhouettes familières : Harold et Simon Gray, marchant sans hâte sur les larges dalles du trottoir. Ils revenaient à pied du National Film Theatre, la Cinémathèque londonienne, assez loin, à plusieurs kilomètres. Plongés dans leur conversation, ils semblaient oublieux de tout. Sans voir ni les bus rouges à impériale filant sur la chaussée, ni les foules qui entraient et sortaient du vaste parc.

Tous deux semblaient extasiés d'avoir vu ce *Napoléon*. Dans cet état rare d'euphorie qui peut vous inonder au sortir d'une expérience unique. C'étaient surtout leurs mains – agitées comme s'ils tricotaient – qui exprimaient leur ferveur. Ce mélange d'émerveillement et de soulagement quand on peut partager son émotion avec une personne de même sensibilité, qui s'y entend en technique aussi bien qu'en art.

Simon était le meilleur ami de Harold. Quand il a épousé ma mère, c'est lui qu'il a choisi pour être son garçon d'honneur. Ils sont décédés tous les deux en 2008, à cinq mois de distance. Durant quatre décennies, Harold a mis en scène le théâtre de Simon. S'en dégagent deux énormes succès, l'un et l'autre avec Alan Bates dans le rôle du protagoniste : *Butley* (1971) et *Otherwise Engaged* déjà cité (1976), des triomphes dans le West End et sur Broadway. Puis l'œuvre de Gray est passée de mode. Trop britannico-britannique, trop élitiste aux yeux d'un public lassé de ses personnages de grands bourgeois cultivés.

Les pièces de Simon, pour la plupart des comédies noires, méritent qu'on les redécouvre. Extrêmement divertissantes, elles illustrent comment les Anglais, pris au piège de leur politesse et leur humour comme-il-faut, se parlent sans jamais communiquer. Je m'en rappelle de grands éclats de rire. En privé, Simon se montrait un personnage érudit, mais aussi un plaisantin. Quand ses bons mots confinaient à la bêtise contagieuse, Harold pouvait s'en agacer. Mais il était écrasé sous le nombre, car ma mère partageait avec Simon son goût pour le ridicule.

Ce railleur aimait taquiner. Ayant reçu de Harold un de ses poèmes de deux vers, il s'était refusé à manifester une réaction. Mon beau-père lui demanda son impression, et Simon rétorqua : « Je ne l'ai pas encore fini. »

En cet après-midi de novembre, enflammés par leur découverte du *Napoléon* de Gance, Harold portait son habituel blouson de cuir, Simon, plus classique, un veston en laine. Très différents, les deux hommes se complétaient. Un furieux supposé contre un être languissant en apparence. Mais comme dans beaucoup d'amitiés étroites, il existait entre eux des similitudes cachées. Pourtant, c'est seulement à la lecture des mémoires de Simon, *The Smoking Diaries*, que j'ai compris à quel point lui aussi était névrosé.

Au mariage de Harold, comme il était prévisible, c'est Simon qui a suscité le premier moment de gaieté. « Qu'est-ce que vous avez écrit là ? » lui a demandé le scribe du Bureau des mariages de Kensington. Il lui montrait un griffonnage illisible sur son registre. S'excusant aussitôt, Simon a reconnu que lui aussi était incapable de se relire. Les présents s'en sont amusés et, pour ma part, j'ai dû me mordre un doigt pour me retenir de pouffer. Harold, lui, est resté de marbre.

Quelques minutes plus tôt, on nous avait pris en photo, debout côte à côte à quelques dizaines de pas du Bureau des mariages. Avec ses yeux un rien écarquillés de cheval de course prêt à s'élancer, ce cliché capture l'inquiétude pré-maritale de Harold. Comme en ces soirs de première où quelque chose risque de tourner mal.

Ma mère arriva, descendant de voiture en trombe. Coiffée par Mr John, de Thurloe Place, elle arborait un ensemble en daim lilas signé Jean Muir et tenait un bouquet du myrte qu'elle avait cultivé elle-même. Harold en avait aussi une tige à la boutonnière. Symbole nuptial, ce myrte était né d'une bouture prise au bouquet de mariage de ma grand-mère.

Alors que nous marchions vers Cheniston Gardens, où se trouve le Bureau des mariages, deux photographes bondirent devant nous. Je me rappelle ma déception : seulement deux ? J'ignorais ce qui nous attendait à l'entrée de Cheniston Lodge. Un vrai cirque médiatique, fourmillant de photographes et d'équipes de télévision armées de leurs caméras. Il y avait aussi deux agents de police casqués de part et d'autre de la porte.

À l'intérieur, l'endroit semblait rudimentaire : mal éclairé et peu meublé. Je suppose qu'il y avait au mur un portrait en couleur de Sa Majesté à cheval ou quelque chose de ce genre. Les documents signés, ce fut une explosion de jubilation fiévreuse et de félicitations. On sentait les parents de ma mère tout aussi soulagés que les deux héros du jour. En privé, je me souviens d'avoir trouvé curieux qu'une cérémonie aussi conventionnelle produise un tel tsunami d'euphorie. Mais elle l'a fait, et les mariages le font encore, ce qui me semble assez charmant.

En descendant les marches, les nouveaux mariés furent accostés par les journalistes attroupés. « Qu'est-ce que cela vous fait de perdre votre titre, lady Antonia ? demanda une femme aux cheveux couleur de paille. – Elle ne le perdra pas », répliqua Harold. À la grande joie de ma mère, ce minuscule échange se transforma en un article du *Daily Mirror*, lequel expliquait dûment qu'elle resterait lady Antonia : non grâce à son premier mari, mais à son père le comte de Longford.

Le déjeuner chez Thompson's (conclu par une pièce montée, comme il se devait) était exquis. Le discours de ma mère fut mémorable. Il y était question d'un dessin humoristique que, dans leur enfance, son frère Thomas et elle avaient trouvé très osé. Signé Peter Arno, on y voyait une starlette au lit avec un homme qu'elle secouait en criant : « Debout, mon gars, nous nous marions aujourd'hui ! » Ce qui réjouissait maman ? Pouvoir rabrouer Harold de la même façon.

Les photos de l'après-déjeuner ont capté la séquence d'hilarité déclenchée par le bouquet de ma mère. La scène avait un côté Marx Brothers : tout le monde voulait son portrait avec les tiges de myrte et de jasmin serrées sur le cœur. Cependant, un Harold triomphant avait passé les bras autour des épaules de mes épaules et de celles de sa femme. Cette fois, oui, il était officiellement notre beau-père.

Ce soir-là, le journal télévisé montra le couple des heureux mariés. Passant devant un grand magasin d'électroménager, les images me sautèrent au visage : Harold et ma mère sur des écrans de taille diverse. Tel de l'art vidéo avant la lettre, j'ai fixé des yeux ces apparitions multipliées. Harold agitait la main droite, le manteau en daim lilas de ma mère produisait des merveilles de splendeur matrimoniale. Après un faux départ, l'acte était accompli.

PAS UN SALUT, UNE NOYADE

Pour mon dix-huitième anniversaire, le cadeau de Harold fut un recueil de poésie qu'il n'avait pas fait emballer. Je le reçus au petit déjeuner. Vêtu de son peignoir habituel, il le déposa devant moi. Une anthologie de poèmes de Stevie Smith, à la couverture colorée. Du bleu roi, du rose layette, du jaune pervenche, qui contrastaient avec un croquis en noir et blanc signé de Smith elle-même : une jeune femme coiffée d'un chapeau. Plutôt pesant, c'étaient les éditions Viking qui avaient publié le livre. À l'intérieur, d'autres dessins tout en arêtes de la main de l'autrice illustraient ses textes imprimés.

Robert Lowell, le poète américain, admirait en Smith « sa voix unique et joyeusement lugubre ». Harold, quant à lui, la jugeait « incomparable ». Petite digression : curieusement, Smith a écrit ses poèmes et ses romans sur le même papier jaune paille que mon beau-père. La première des trois fictions qu'elle a publiées s'appelle même *Novel on Yellow Paper* (1936).

Le poème le plus célèbre de Stevie Smith, née en 1902 dans le nord de l'Angleterre, s'intitule *Not Waving but Drowning* (« Pas un salut, une noyade »). Cette œuvre de 1957 décrit un homme – connu pour ses « batifolages » – qui a nagé trop loin de la rive et n'a plus pied dans l'eau glacée. Dans un dernier souffle, il déplore son triste sort, prenant conscience d'être « allé trop loin » tout au long de sa vie.

Le cadeau de Harold m'a rendue merveilleusement heureuse. Tout le monde choisissait des bijoux, des vêtements ou des cadres pour photo. Mais une fois le poème lu et relu, le recueil est resté à l'abandon sur son étagère, où il a bientôt pris la poussière. *Pas un salut, une noyade*... Ce texte me perturbait. Il me rappelait que loin d'être portée par l'onde, moi aussi je perdais pied. Et que l'eau commençait à devenir très froide. Une moitié de moi le sentait, tandis que l'autre restait dans le déni.

Le pompon, ce fut ma fête d'anniversaire. Moi : cheveux teints en noir de jais, sourire jusqu'aux oreilles, robe rouge moulante au décolleté pigeonnant. Perdue dans une mer de gens et incapable de penser. Au vrai, je me sentais ailleurs : au centre de l'attention pour une durée de deux secondes, puis je voyais mon reflet dans la glace et le sentiment d'un malheur imminent me pénétrait. Une prémonition. Ma caravane aux naïfs bariolages, avec ses wagons d'admirateurs, de ballons de baudruche pour égayer les fêtes et de vêtements et autres brimborions *vintage*, ne tarderait pas à dévaler vers le rivage. Mes chevaux effrayés prendraient le mors aux dents, la terre moussue s'effriterait sous leurs sabots et ce serait la dégringolade jusqu'à la plongée dans les vagues.

La semaine précédente, un bouillant photoreporter m'avait demandé s'il pourrait entrer dans la maison pour tout filmer des réjouissances. J'avais poliment refusé. Harold et ma mère auraient été horrifiés, de même que certains invités. Rupert Everett, jeune acteur en devenir, m'avait alors prise à partie, qualifiant mon refus de « complète hypocrisie ». Oui et non. Ma fête d'anniversaire était une affaire privée. Notre maison, un lieu privé aussi.

Malgré les instances de Rupert, et à rebours de mon penchant, je n'avais pas jeté la prudence à tous les vents. Mais le bouton restait pressé sur *Pas un salut*... La compagnie distraite, je me sentais seule et triste. Face à mes insuffisances qui ne cessaient de me troubler. Dégoûtée par mon existence. J'étais montée sur un manège qui tournait de plus en plus vite. Petite donzelle qui « s'y croyait », on ne voyait en moi que la fille au visage félin de lady Antonia Fraser. J'allais être éjectée et m'écraser sur le sol. Et j'en avais conscience, mais sans pouvoir m'arrêter. *Pas un salut, une noyade*... J'étais censée potasser mon anglais, mon français et mon histoire en vue de ces fichus *A-Levels*. Mais, tout en déclinant une foule d'invitations, j'étais toujours de la fête.

CHAPITRE QUINZE

Quelques rencontres : Barney, Mike et Philip

1982. Je partis pour New York et Harold me mit en relation avec Barney Rosset, son éditeur américain, patron de la maison Grove Press. Grande figure du monde des lettres, celui-ci s'était fait le champion des poètes de la Beat Generation, des surréalistes français et des écrivains du théâtre de l'absurde tels Beckett, Genet ou Ionesco. Il avait aussi défié la censure américaine en publiant la version non expurgée de *L'Amant de lady Chatterley,* ainsi que du *Tropique du cancer* de Henry Miller et du *Festin nu* de William Burroughs.

Mon rendez-vous avec Barney, downtown, contrasta au plus haut degré avec mon thé chez Jackie Onassis, une amie de mon père, qui habitait uptown. Brooklyn était alors comme un pays lointain, et il existait une division très marquée entre ces deux quartiers. Puisque c'était mon premier voyage à « Noo York » ou dans le « Big Bagel », pour reprendre deux surnoms que donnait à la ville le chroniqueur du *Spectator* Taki, je tenais à me plonger aussi bien dans le premier que dans le second de ces mondes.

Jackie, en ces années, travaillait comme éditrice pour la maison Doubleday, mais ce qui piquait ma curiosité était son légendaire appartement sur la Cinquième Avenue. Dehors résonnait le tapage du grand défilé pour la Saint-Patrick : une fête appropriée pour la veuve de JFK, toujours si fier de son ascendance irlandaise. Le thé me fut servi avec un quatre-quarts au citron, dont la filiforme Jackie entreprit de couper des tranches. « C'est tellement bon, tellement bon ! » me répéta-t-elle de sa voix presque comiquement voilée. Après l'échange des amabilités, elle me parla de l'affaire von Bülow, convaincue que Claus von Bülow était bel et bien coupable d'avoir plongé sa femme, richissime héritière, dans un état végétatif irréversible. « Lee [sa sœur], me révéla-t-elle, est allée à l'école avec Sunny [von Bülow]. » Les deux sœurs Bouvier méprisaient Claus le Danois, en qui elles ne voyaient qu'un beau claqueur de talons passé maître dans l'art du baisemain et la pratique du ski nautique, mais surtout un chasseur de fortune.

La franchise de Jackie me surprit : aussi bien mon père que ma mère m'avaient avertie qu'elle se montrerait charmante, mais ne mangerait rien et se confierait encore moins. Pourtant, elle dévorait les tranches de gâteau à belles dents en m'expliquant tout le mal qu'elle pensait du mystérieux Claus von Bülow – à Londres une figure bien connue, car assister le magnat John Paul Getty Sr lui avait fourni les entrées qu'il lui fallait. Même l'acrimonieux milliardaire, conquis par Claus, le décrivait comme un homme « d'une remarquable patience et du meilleur naturel ». Mais « Jackie O » n'en croyait pas un mot.

Ma rencontre avec Barney Rosset eut lieu dans un bar près de ses bureaux de Greenwich Village. Du dehors, je repérai ce monsieur très élégant, qui n'était déjà plus de première jeunesse. Il ne pouvait s'agir de lui. Physiquement, je m'attendais à un homme comme Heathcote Williams – pantalon en velours et longs souliers clownesques – ou à un équivalent de Harold en version plus lisse. Mais, se levant et s'approchant de moi, ce patricien me demanda : « Êtes-vous Natasha ? » Sa prononciation de mon prénom me rappela Henry Fonda dans *Guerre et Paix* de King Vidor.

Personne n'en fait jamais mention, mais Barney Rosset – surnommé le « dernier franc-tireur » de l'édition américaine – était un fort bel homme. De ceux qui embellissent avec le passage des ans. Ses cheveux gris-blanc conféraient un surcroît de dignité à son allure d'Américain toujours soigné, qu'il fût en tenue de voile, en maillot et short de tennis, voire surpris dans son jardin des sacs-poubelle à la main. Certains Américains d'alors possédaient cette élégance inaltérable. De nouveau : comme Henry Fonda, avec ses beaux traits classiques tels qu'on en voyait rarement sous d'autres cieux. Attendu que Barney, natif de Chicago, portait avec fierté ses origines mi-irlandaises mi-juives, son apparence n'était pas celle d'un WASP. Mais il émanait de lui le sentiment de la prospérité et celui d'un temps révolu.

« Je suis désolé que vous découvriez le pays en ce moment », commença-t-il. Venaient de s'écouler les dix-huit premiers mois de l'administration Reagan. Barney déplorait aussi l'évolution du centre de New York. « Tant d'endroits ont disparu ! » poursuivit-il. Il parlait des menues échoppes et autres boutiques et restaurants familiaux qui avaient fait le charme de la ville au long des générations. « À chaque mois qui passe, il y a de nouvelles fermetures. » Puis il me confia sa tristesse que certaines de ses vieilles connaissances ne puissent plus payer leur loyer. C'était comme si son cœur parlait tout haut. À ses yeux, la Grosse Pomme perdait son authenticité et tout ce qui faisait son âme.

Venant de fêter mes dix-neuf ans, je refusai de me laisser abattre par son pessimisme et son amertume. « Toutes les villes ont leurs humeurs, répliquai-je avec allégresse. Vous verrez que New York pourra toujours rebondir ou revenir au bon vieux temps. » Mais, Barney s'en déclara convaincu, la situation était désormais sans espoir. Peu après pourtant, son visage s'éclaira. La description de mon voyage – je m'étais envolée de Londres, cachée en première classe – déclencha chez lui une hilarité inattendue. Barney s'amusa tout autant de mes nouvelles conditions d'existence : trois filles à nous partager un étage.

Loin de se montrer morose, on aurait cru Barney Rosset partagé en deux : confortablement appuyé au dossier de sa chaise, il semblait pourtant prêt à bondir en avant. D'un dynamisme débridé, il avait la réputation d'un homme « aux caprices inflexibles » : une idée en entraînait une autre, qui le poussait à la défense d'une cause. Alors, Barney se battait, sans hésiter à monter au créneau. Certains en riaient, d'autres comprenaient. « Ma mère et mon grand-père parlaient le gaélique, m'a-t-il raconté ce jour-là. Très tôt dans la vie, à côté de ma radicalité, l'IRA pouvait sembler un mouvement plutôt conservateur. J'ai grandi dans la haine du fascisme et du racisme. »

À son décès en 2012, les obituaires ont mentionné son mariage à la grande figure de l'expressionnisme abstrait

Joan Mitchell ainsi que ses nombreux démêlés financiers, puis se sont plus longuement étendus sur sa vie de tous les extrêmes et sur son refus absolu du compromis.

Certaines personnes sont des légendes, et il suffit de rester quelque part dans leur aura. Leur exigence des droits civiques pour tous, leurs explosions d'idées, leur façon de s'attaquer à la vie... Est-il besoin d'autre chose ? Ainsi en allait-il de Barney Rosset. Élevée dans la politique, je comprenais son besoin de s'engager. Le laisser se débrouiller eût peut-être été plus sage. Barney se montrait d'un courage admirable quand il fallait affronter les juges pour défendre un écrivain. Mais il pouvait aussi s'illusionner et se tromper, comme l'illustra son attitude lorsque se posa le problème de la propriété intellectuelle des œuvres de Samuel Beckett.

Nous ne nous sommes plus revus. Barney, à court d'argent, s'est vu contraint de vendre Grove Press à Ann Getty et s'est rapidement fait licencier. Harold, Beckett, Allen Ginsberg et beaucoup d'autres ont signé une pétition pour que cette décision fût annulée, et Barney a parlé de ce licenciement comme du pire moment de sa vie. Sans se décourager, il a continué de diriger sa revue *Evergreen,* ainsi que deux maisons d'édition plus modestes, Foxrock Books et Blue Moon Books, consacrées à la publication de récits érotiques interdits du XIXe siècle. Harold considérait son éditeur américain comme un héros des passionnées de littérature, cependant que Barney – qui avait notamment publié *Le Scénario Proust* – rappelait que mon beau-père était le seul de « ses » auteurs qu'il sût capable de lire à voix haute à la bougie.

Parmi les amis que s'était faits Harold dans le « Big Bagel », il y avait aussi Mike Nichols. Magicien de la mise en scène et mégastar du cinéma, il semblait que cet ex-comique devenu immense réalisateur possédât une boule de cristal qui lui permettait de comprendre, puis de saisir entre ses mains la totalité du monde du divertissement. On l'a affublé du sobriquet de « M. New York », mais il était infiniment plus que cela : dans le talent et dans le charme de Mike, il y avait quelque chose d'universel.

Bien que très différents par le caractère et par le style, il existait entre mon beau-père et lui des similitudes professionnelles indéniables. Leur carrière à tous deux avait commencé sur les planches, puis leur génie avait explosé et la première moitié des années soixante les avait fait devenir des noms familiers de tous. Pour autant, le succès n'avait rien altéré de leur éthique de travailleurs acharnés, ni de leur passion pour le langage et pour le jeu d'acteur. L'un et l'autre ont continué de bâtir une œuvre abondante et de partager la réputation d'être d'anciens acteurs amoureux des acteurs.

À trois reprises, Harold et Mike ont tenté de travailler ensemble. Leur premier projet de film fut *Le Dernier Nabab* (1976), suivi de *Trahisons* (1983) et des *Vestiges du jour* (1989). Sur la recommandation de ma mère, Harold avait acheté les droits du si beau roman de Kazuo Ishiguro. Trois projets, donc, mais aucun n'a abouti. Harold y tenait pourtant beaucoup. Mike aussi, mais sa réputation à Hollywood leur a mis à tous deux des bâtons dans les roues.

Poussé par sa curiosité intellectuelle, Harold aimait alterner les productions à gros budget et d'autres plus confidentielles qui, bien que passionnantes et mémorables sur le plan artistique, ne rapportaient pas beaucoup d'argent. Mike, cinéaste oscarisé, appartenait à une tout autre école. À la différence de Harold, il était devenu dès le début de sa carrière l'enfant chéri de la critique. Qualifié par le *New York Times* de « gagnant éternel » de toutes les compétitions, il faisait partie des rares metteurs en scène « à avoir remporté un Oscar, un Tony, un Emmy et un Grammy ». Pour lui, l'approbation des gloseurs autorisés constituait une priorité. Souci tout à l'opposé de l'éthique d'écrivain de mon beau-père.

Les rapports épineux de Harold avec les critiques avaient commencé avec l'accueil qu'ils avaient réservé à sa pièce *L'Anniversaire.* À part Harold Hobson, du *Sunday Times*, tous avaient dénigré cette œuvre de jeunesse, et leurs recensions l'avaient tellement éreintée que les représentations avaient dû être interrompues au bout de quelques jours. Le jeune auteur devait leur donner tort avec son opus suivant, *Le Gardien.* Le triomphe remporté lui avait donné ensuite une inébranlable confiance en lui. On pouvait bien écrire ce qu'on voulait. Quant à la formule qui le désignait souvent, « probablement le plus grand dramaturge britannique », Harold y répondait en observant qu'on discutait encore de cette « probabilité ». Ancien acteur qui avait fait ses classes dans les troupes de répertoire, il écrivait pour lui-même, ses acteurs et le public. J'emmerde les critiques.

Très différent, Mike menait une carrière spectaculaire qui lui valait tous les lauriers. Mais après une interview de lui en 1998, je me suis demandé si son véritable amour n'était pas resté le théâtre beaucoup plus que le cinéma. Son discours soudain enflammé pour me faire l'éloge de l'actrice Lindsay Duncan, la marquise de Merteuil dans la production du West End des *Liaisons dangereuses,* m'a semblé révéler en lui un metteur en scène enthousiaste de l'expérience du spectacle vivant. Au demeurant, une carrière sur Broadway n'aurait jamais pu financer le train de vie de Mike Nichols : ses mariages, ses villas, son ranch.

Nous avons fait connaissance à l'été de 1981. Mike, ce jour-là, arborait une veste en tweed marron clair à tachetures qui mettait en valeur sa chevelure couleur de rouille... dont je devais découvrir par la suite qu'il s'agissait d'une perruque. (À l'âge de quatre ans, Mike avait perdu ses cheveux à cause d'un vaccin contre la coqueluche.) Nous déjeunions dans notre jardin de Campden Hill quand il apparut par un escalier de côté, puis parcourut l'allée pavée jusqu'à la table où nous étions assis. Tout sourires en même temps qu'il agitait la main, on aurait cru qu'il faisait son entrée sur un plateau de télévision. Lumière, moteur... On sentait qu'il était « en piste » et cette sensation était contagieuse.

« Que c'est joli, tout ça ! » lança-t-il pour complimenter ma mère sur la table décorée d'une nappe blanche imprimée de cerises, de gobelets en argent et de hauts verres à contour doré. La question des critiques fut bientôt mise sur le tapis. À ce tournant des années quatre-vingt, c'était pour le monde artistique un des plus grands champs de bataille. Harold parla d'abord du réalisateur William Friedkin et d'une vieille interview de lui, filmée pour la télévision. À chaque séance de son film *L'Exorciste* se formaient des files d'attente interminables, mais les critiques l'avaient massacré. Interrogé sur leurs attaques,

Friedkin avait tiré de sa poche une liasse de billets de cent dollars, qu'il avait fait craquer entre ses doigts : « Les voilà, mes critiques ! »

Mike glissa alors qu'on lui avait initialement proposé ce tournage, et aussi qu'il avait plus tard confié ses regrets à son amie la comédienne Elaine May : « Je viens de perdre trente millions de dollars en refusant de filmer *L'Exorciste* ! » May, avec laquelle il avait formé un duo humoristique très populaire dans les années cinquante, lui avait rétorqué : « Ne te lamente pas, chéri. Si ç'avait été toi, le film n'aurait jamais rapporté autant de fric. » Mais le récit qu'il nous fit de cette petite histoire, délicieusement rythmé, nous fit tous éclater de rire, Harold compris.

Puis Mike disparut avec Harold dans le « superstudy », son bureau au fond du jardin. Il fallait s'attaquer au projet du film *Trahisons*. J'eus la sensation que mes pieds ne touchaient plus terre. La présence de Mike Nichols avait un effet enivrant.

En 1996, Harold s'adressa aux membres du 92nd Street Y, un club culturel de Manhattan. Pour son allocution, je pris place à côté de Mike. Le moment des questions venu, une jeune femme se présenta comme une prostituée spécialiste des pratiques sado-masochistes – « Très bien », acquiesça Harold – puis l'interrogea sur les rapports de domination à l'œuvre dans son théâtre. « Incroyable, non ? s'exclama Mike à la sortie. Quelle que soit la situation, notre Harold reste toujours lui-même. »

Un des principaux talents de Mike, c'était de pouvoir être plusieurs Mike selon les moments et les circonstances. En 1987, un dîner new-yorkais l'a réuni à Harold et à ma mère. Jamais en panne d'histoires à raconter, il commença par la légende d'Icare : la célébrité, à son dire, était pareille au soleil qui pouvait brûler les ailes. Puis il enchaîna soudain sur des confidences inattendues portant sur son problème avec l'Halcion, un somnifère. Mike nous mit son cœur à nu – j'étais impressionnée par sa franchise –, sans rien nous cacher de son addiction toujours plus forte à la substance. Celle-ci avait eu pour effet de lui faire perdre tant d'argent qu'il avait dû vendre plusieurs de ses biens les plus précieux, comme son écurie de course ou son appartement à l'année à l'hôtel Carlyle. Si compatissante que semblât son expression, je sentis la stupeur de Harold. Ni lui ni aucun Britannique de sa génération ne se fût jamais dévoilé de la sorte.

Je me rappelle une autre rencontre, plus triste, où j'ai vu tout à coup tomber le masque de « M. New York ». Abattu et désabusé, Mike me raconta son dernier séjour à bord de *Malahne*, le yacht de Sam Spiegel. « Si tu savais comme c'était déprimant ! Nous étions un duo de vieux youpins avec leurs petites amies beaucoup trop jeunes. Et il y avait un couple d'Anglais qui ne cessait de s'appeler en se criant : "Chéri, ton bain est prêt !" »

Pourquoi, me demandai-je, Mike avait-il accepté ce petit voyage en mer ? Et pourquoi les décrivait-il en ces termes, Spiegel et lui ? On aurait cru deux pauvres types finis, alors qu'en ces années, quoi qu'ils fassent et où qu'ils aillent, tout le monde leur tressait des couronnes. Mais, je l'ai bientôt compris, ce qui était apparu ce jour-là était la part d'ombre de Mike, empreinte de sa haine de lui-même.

J'ai aussi réfléchi à l'attitude de Harold à l'égard de la religion. Mon beau-père se sentait résolument anglais, bien avant d'appartenir à la communauté juive, mais il avait conscience que, pour Spiegel, c'était l'inverse. Avec le recul, il me semble que le même constat s'appliquait à Mike, cet immigré de naissance allemande qui avait accompli le « rêve américain » et beaucoup plus encore, mais se sentait juif avant tout. Sa mémorable carrière d'humoriste et, plus tard, son image publique en ont été les révélateurs.

Malgré les projets inaboutis, le lien d'amitié entre Harold et Mike ne s'est jamais démenti. Pour avoir vu plusieurs de ses productions scéniques, *Hurlyburly, The Real Tging et En attendant Godot*, je peux témoigner qu'il a allumé sur Broadway une flamme théâtrale comme peu ont été capables de le faire. Pour lui, une pièce restait encore et toujours « un mystère ». « Il n'y a pas de récit, a-t-il déclaré à une radio new-yorkaise. Et du moment qu'il n'y a pas de récit, tout est ouvert à l'interprétation. Voilà pourquoi une pièce peut devenir beaucoup de choses différentes. »

Quand Mike sut que Harold était atteint d'un cancer, il lui envoya une carte. « Est-ce qu'ils savent à qu'ils ont affaire ? » Tels étaient les mots tracés en grosses lettres. Cette attention et le ton du message réjouirent beaucoup mon beau-père, qui fit circuler la carte. Pendant quelque temps, elle trôna même à une place bien à elle du salon de Campden Hill, près de ses photos encadrées, de sa lampe en bronze et de son fauteuil : le perchoir du grand homme.

Quelques années plus tôt, quand il était encore en pleine santé, c'était un Harold bien droit qui s'asseyait dans ce fauteuil, vêtu d'un col roulé noir et d'un pantalon noir aussi, jambes croisées. Si le message subliminal était « Un peu d'audace, amusez-moi ! », Philip Roth arrivait gagnant.

Depuis la fin des années soixante-dix, le romancier américain habitait Londres, où il partageait la vie de la comédienne Claire Bloom, partenaire de Chaplin dans *Les Feux de la rampe* et grande vedette du théâtre et du cinéma. Un couple qui faisait rêver : chacun dans son domaine accomplissait une carrière éclatante. Je me rappelle encore leur avoir plusieurs fois ouvert la porte. À côté de Claire, ravissante avec ses douces ondulations de cheveux châtains, ses boucles d'oreilles discrètes et sa robe en imprimé, Philip, de prime abord, faisait peu ou prou l'effet d'un grand poseur mal luné.

Mais dès qu'ils entraient au salon, c'étaient de grands éclats de rire qui semblaient résonner partout dans la maison. Intriguée, j'entrais à mon tour pour découvrir Philip qui faisait son numéro. En acteur né, il occupait la scène et réussissait à captiver avec des historiettes banales qu'il venait de vivre. Posant des questions, répétant les phrases et se lançant dans des imitations qu'il concluait par un sourire dépité. Il était comme un comique américain de stand-up. Une fois, Philip a consulté son ostéopathe : il souffrait d'un pénible problème aux cervicales. Ensuite, il s'est tordu comme un bretzel humain, concluant par ces paroles : « Et après tout ça, ce géant de la littérature nous a regardés et a dit "bonjour". »

Ils avaient fait connaissance quand Harold mettait Claire en scène dans la production sur Broadway des

Innocents d'après Henry James, l'adaptation pour le théâtre de sa nouvelle fantastique *Le Tour d'écrou*. Sarah-Jessica Parker, jeune comédienne encore presque inconnue, jouait le rôle de Flora, une des deux enfants de l'histoire. Frank Rich, le critique théâtral du *New York Times*, avait publié du spectacle une critique très négative et les représentations avaient cessé au bout de la douzième, mais l'histoire d'amitié s'était poursuivie par la suite. Pour preuve, toutes les photos prises chez Philip dans la campagne du Connecticut, où on les voit prendre la pose l'un près de l'autre, s'amuser à changer le décor et faire joyeusement les pitres. Rieurs, spontanés, on voit combien ils se comprennent et combien chacun d'eux sait s'adapter aux autres.

À Londres, Philip assistait à toutes les répétitions de Claire et avait à cœur de l'aider à se rappeler son texte. Il avait travaillé avec elle sur son premier livre de mémoires, *Limelight and After* [*Les Feux de la rampe et après*] (1982), et ne cachait pas sa fierté que Claire fût si fine connaisseuse des romans anglais du XIXe siècle. Pourtant, leur belle histoire connut une fin acrimonieuse. En 1990, cette amertume poussa Philip Roth à publier *Tromperie*, Claire Bloom à relever le gant en 1996 par un second livre de mémoires, *Leaving a Doll's House* [*Quitter une maison de poupée*], où son « ex » en prenait pour son grade, et Roth à répliquer en 2003 par le tout aussi virulent *J'ai épousé un communiste*.

Philip et Harold se sont aussi temporairement brouillés. La pomme de discorde ? Israël. Juif de naissance, Philip se voulait un zélateur de la cause sioniste. Même si mon beau-père était pro-Israël, inflexible sur le fait que le pays devrait exister, il n'était pas d'accord avec le traitement du peuple palestinien. « Les victimes, soutenait-il, sont devenues les agresseurs. » Mais il finit par lui rendre visite à New York quand Roth connut de sérieux problèmes de santé. Et après que Harold reçut le prix Nobel, Philip lui envoya une lettre aussi enthousiaste qu'affectueuse. Pour sa part, le romancier américain n'a jamais atteint à cette consécration suprême.

Ces trois hommes – Barney, Mike et Philip – sont emblématiques de l'importance de New York dans la vie de Harold. Cette ville était son village. Vers 1975, le *New Yorker* a publié un dessin humoristique. Signé Lorem, il représente un couple de théâtreux dans son salon, dont le décor bohème suggère l'Upper West Side, le quartier que Broadway traverse. Assise sur un sofa, une femme agacée regarde son compagnon debout près du bar, qui se remplit un verre. « Qu'est-ce qu'il a de si génial, ce Pinter ? demande-t-il. Avant lui, il n'en manquait pas dans notre vie, des pesants silences ! »

Par l'attitude, il ne peut s'agir que d'un couple de New-Yorkais comme les ont filmés un Woody Allen ou un Sidney Lumet. Avec sa poitrine plantureuse et ses larges hanches, madame semble une maîtresse femme. Son expression hargneuse indique qu'elle fait une scène à son homme. Celui-ci, en revanche, a quelque chose de ridicule avec son buisson de cheveux et son pantalon rayé à pattes d'éléphant dont la ceinture boudine son gros ventre. Quand je les ai vus pour la première fois, j'ignorais complètement que Harold fût un des princes de Broadway.

CHAPITRE SEIZE

Sur le plateau de trahisons

L'idée de Harold était que je participe au tournage de *Trahisons*, le film adapté de sa pièce. « Tu seras coursière », avait-il décidé. Attendre qu'on m'ordonne « Va chercher ceci, va chercher cela ! » : ainsi pouvait se décrire mon emploi. Minable s'il en était, il pouvait néanmoins mener à d'autres opportunités. Ayant raté mes *A-Levels*, *Trahisons* me promettait un autre chapitre de ma vie. Un autre moi.

Évidemment, il me fallait l'aval de Sam Spiegel, le producteur du film. Après pas mal de tirage, il avait acquis les droits de la pièce, créée par la troupe du National Theatre en 1978. Et il finançait l'adaptation pour le grand écran.

Dans l'espoir que rien ne l'empêche, je dus déjeuner avec lui dans son appartement londonien de Grosvenor Square. « Mr Spieeegel », comme l'appelait Greta Garbo, m'informa que je serais payée soixante livres par semaine. Octogénaire bedonnant mais encore vif, le comportement de Sam avec les jeunes femmes lui avait valu une certaine réputation. On racontait qu'il poursuivait les actrices en herbe et les coinçait contre les meubles, ou qu'il fallait faire attention à ses mains dans les taxis. Dans mon expérience, jamais.

Arthur Miller parlait de lui comme d'un nouveau Gatsby le Magnifique. Jusqu'à son décès le soir de la Saint-Sylvestre de 1985, le producteur d'origine autrichienne a mené une existence fabuleuse : amis et amies superstars, yacht amarré à Saint-Tropez, Rolls Royce avec chauffeur, et un talent étonnant pour ne jamais devoir réduire son fastueux train de vie. Spiegel dégageait aussi le charme de l'ancien monde, un monde qu'il avait connu. Les circonstances de sa fin, toutefois, dans un hôtel de luxe aux Caraïbes, restent à ce jour quelque peu mystérieuses. On l'a retrouvé la peau cyanosée dans la baignoire de sa suite, alors que sur la table un dîner pour deux de langoustes n'avait pas été touché.

Dans son éloge funèbre au cours de la cérémonie à sa mémoire, Harold a reconnu que « l'étincelle dans le regard de Sam » lui manquerait profondément. Jack Pinter avait présenté ses condoléances à son fils, estimant que celui-ci devait avoir le sentiment d'avoir perdu un second père. « Mon père l'a ressenti aussi », se souvenait Harold. Le producteur et lui avaient eu leurs sujets de querelle, comme le refus de mon beau-père de travailler le dimanche. « Harold, je croyais que tu n'étais pas religieux ! avait grondé Spiegel. – Si, Sam, j'ai la religion du cricket », avait répliqué Harold.

Ils avaient fait connaissance au milieu des années soixante, alors que Spiegel détenait les droits d'*Accident*. Une première rencontre déplaisante, où ils s'étaient affrontés au sujet de l'adaptation du roman par Harold.

« Vous appelez ça un scénario ? » avait demandé Spiegel. Assis à son grand bureau, il y avait un *Pape hurlant* de Bacon accroché au-dessus de ses larges épaules. « Il n'y a que du nerf, pas de chair ! s'était-il plaint. Et je ne comprends rien aux personnages principaux. » Au sortir de cet entretien tendu, Harold, prétendait Joseph Losey, avait vomi sur le trottoir. « Ce n'est pas vrai ! » avait plus tard protesté mon beau-père, toujours soucieux de rectifier les « récits fallacieux ».

En 1975, quand il avait quitté sa première femme pour ma mère, Sam, sans poser de question, avait prêté quelque temps son appartement à Harold. « J'étais déboussolé », se rappelait celui-ci. Ce geste illustrait l'humanité qui faisait aussi partie du caractère de son ami. Mais la décision d'adapter *Trahisons* pour le cinéma avait révélé un tout autre visage de Sam Spiegel, qui avait fait traîner l'affaire pendant des mois et des mois. En 1980, un Harold exaspéré lui envoya cette lettre : « Tout ce que j'ai à te dire, c'est qu'il faut que je sache avant la fin de l'année si nous faisons ce film, oui ou non. Si c'est non, d'accord et, comme on dit, sans rancune. Mais soyons réalistes et finissons-en une fois pour toutes. J'ai besoin de planifier mon travail pour l'année 1981, et de le planifier maintenant. »

Spiegel se refusant à dévoiler ses cartes, il s'était abstenu d'informer mon beau-père que les studios de Hollywood se dérobaient l'un après l'autre en raison du retrait de Mike Nichols et de Meryl Streep, qui n'étaient plus associés au projet. (Soit dit en passant, *Trahisons* s'est pourtant révélé une des pièces les plus lucratives de Harold.) Mais puisque l'entreprise n'alléchait pas les grands argentiers – au box-office, les deux productions précédentes de Sam, *Nicolas et Alexandra* (1971) et *Le Dernier Nabab* (1976), avaient été des fiascos –, le vieux renard avait pris le parti de la financer lui-même. *Trahisons* serait le dernier film de sa carrière, et le triangle amoureux imaginé par Harold serait interprété par Jeremy Irons (Jerry), Ben Kingsley (Robert) et Patricia Hodge (Emma).

Mon beau-père reconnaissait volontiers la contribution de Spiegel, « grande source d'énergie et d'enthousiasme », à la genèse du scénario : « Il m'a permis de créer à ma guise, a-t-il confié, sans m'inhiber à aucun moment. » Plus tard, il fut pourtant horrifié de voir le producteur se comporter en tyran à l'égard de David Jones, le réalisateur de *Trahisons*. « Il vieillissait, je suppose, et il n'était plus au meilleur de sa forme. »

Puisqu'on m'avait embauchée sur le plateau, je tenais Harold au courant des diverses lubies de Spiegel. Il débarquait en grande pompe et posait son majestueux séant sur son siège en tissu au dossier peint de son nom. Bien que l'équipe du tournage comprît bon nombre de frondeurs et de grandes gueules, le vétéran plusieurs fois oscarisé avait droit au respect de tous.

Les visites de Harold contrastaient radicalement avec les siennes. Après avoir garé Myrtle, il se glissait dans les studios sans entraver le chemin de personne. Par chance, il était présent le jour où Jeremy Irons piqua une petite colère. « Est-ce que personne ne va m'aider à piger ce foutu scénario ? » fulmina l'acteur, jetant son exemplaire sur la table de la cuisine. Silence embarrassé, jusqu'à ce que Harold sorte de l'ombre : « Puis-je t'aider ? »

Quelques sourires discrets parmi les techniciens. Bien que Jeremy ait ensuite évolué pour devenir un gentleman de la scène et des plateaux, il faut reconnaître que sur le tournage de *Trahisons*, il s'est quelque peu conduit en enfant gâté. Pour un temps, son extraordinaire succès lui était monté à la tête. Ivresse très humaine et bien compréhensible. Nous filmions ici et là dans le quartier de Kilburn et, chaque fois que le lieu du tournage changeait, on pouvait compter sur la présence de toute une clique de collégiennes qui traînaient à l'extérieur. Ces demoiselles s'étaient donné le mot. L'idole de *Retour au château*, la mini-série télévisée adaptée d'Evelyn Waugh, faisait palpiter les cœurs féminins. Devenu l'attraction locale, et de surcroît immédiatement reconnaissable, Jeremy, chose rare, se révélait dans la vraie vie aussi grand et beau que sur les écrans.

Avec lui, il fallait parfois de la patience. Tout le monde n'appréciait pas que son chien Speed ne cesse de courir en tous sens sur le plateau, non plus que sa garde-robe ne suscitait une approbation permanente. Quand il arborait une salopette kaki à la dernière mode, l'effet produit pouvait porter sur les nerfs de Jeremy. « Pourquoi tout le monde me regarde aujourd'hui ? » s'emportait-il. Faux – excepté pour la vile créature que j'étais. Mais la célébrité fausse la réalité. À moins qu'elle ne transforme en allégorie du nombrilisme.

Le jour où Jeremy fanfaronna : « Mon agent me dit que je suis la coqueluche de la décennie ! », je ne pus m'empêcher de le répéter à Harold. Mais le comédien disait vrai. À cette période, Jeremy Irons était devenu *la* star masculine absolue, à qui l'on proposait les rôles les plus exaltants. Pourtant, son besoin constant de blablater sur ses propres succès trahissait non seulement sa suffisance, mais sa maladresse.

Harold ne réagissait qu'à peine. Entre les deux hommes existait une loyauté implicite, car en cinq ans ils avaient collaboré sur trois projets différents. En 1978, quand Harold avait mis en scène *The Rear Column [Les Troupes de l'arrière]*, il avait attribué à Jeremy un rôle de premier plan. Située en 1887 dans la jungle congolaise, cette pièce de Simon Gray était jouée au théâtre du Globe (l'une des salles les plus prestigieuses du West End). Avait suivi pour lui un autre rôle principal dans *Langrishe, Go Down*, que Harry avait adapté du roman d'Aidan Higgins pour les caméras de la BBC. Et, deux ans plus tard, il avait tourné son premier triomphe international, *La Maîtresse du lieutenant français*, aux côtés de Meryl Streep. Réalisé par Karel Reisz, le film, inspiré du roman de John Fowles, reposait cette fois encore sur un scénario de Harold.

Ancien acteur, ex-époux d'une actrice, mon beau-père faisait preuve à l'égard de Jeremy de son empathie naturelle. Comme beaucoup de métiers créatifs, celui de comédien fait osciller sans répit entre l'enivrement et l'exaspération. La grande angoisse, évidemment, est de ne plus jamais retravailler. En cette première moitié des années quatre-vingt, Jeremy avait atteint les sommets et le monde entier était à ses pieds. Il avait encore du mal à croire en sa réussite, et pourtant il la vivait. Simple coursière de plateau et surtout jeune morveuse inexpérimentée, je n'avais aucune idée de ce qu'il avait subi et souffert pour en arriver là.

Ce qui, surtout, intéressait Harold était que l'acteur incarne avec toute la justesse possible le personnage de Jerry, l'agent littéraire qui trahit son meilleur ami, et Jeremy en a donné un portrait sensationnel.

Cette fois encore, mon beau-père fut nommé aux Oscars pour son scénario, son second ainsi distingué après celui de *La Maîtresse du lieutenant français*. Mais il choisit de ne pas se rendre à Los Angeles pour la cérémonie. À cette époque, peu d'Européens le faisaient. Être nommé conduisait à devenir membre de l'Académie des arts et des sciences du cinéma, et cet honneur permettait de recevoir les films susceptibles d'entrer en compétition. Un coup d'éclat si l'on veut, mais il impliquait de visionner une foultitude de films, dont beaucoup n'avaient même pas été distribués au Royaume-Uni.

Fort bien, jusqu'à ce que le flot continu de paquets scellés finisse par indisposer Harold. Trop de colis, trop de vidéos. Aussi écrivit-il à l'Académie pour demander l'arrêt des envois. Dans l'histoire mouvementée de cette institution américaine, sa requête fut sans doute une première, et il paraît qu'elle continue de stupéfier même les plus aguerris des producteurs hollywoodiens. Espérons qu'une personne douée du sens de l'humour a pris soin d'encadrer l'épître de l'insolent récipiendaire. Parmi ses beaux-enfants, sa décision provoqua une rébellion. Incroyablement égoïste, estimais-je. Par bonheur, Harold décida de faire machine arrière. Sur les instances énergiques de ma mère, il envoya une autre lettre demandant la fin de l'embargo. Il faut parfois que quelqu'un fixe une limite.

HAROLD LE SECOURABLE

Le tournage de *Trahisons* bouclé, je tentai de trouver d'autres emplois dans la production cinématographique. Des pistes, oui, il y en eut, mais sans qu'aucune aboutisse. Pour autant, j'étais déterminée à gagner ma vie. Parmi les petits boulots que j'ai acceptés : une utilité dans un film intitulé *La Loi des seigneurs* (mon personnage de Rosalee, disait le script, était foutu comme une déesse) ; un job dans une boîte de vente de sandwichs appelée Larssens ; et pour finir un intérim au cabinet d'avocats Winston & Co, une équipe de baveux façon Dickens du quartier de Notting Hill Gate.

Certains déprimés passent leurs journées au lit sans jamais rien faire de leurs dix doigts. Terrifiée à la perspective d'une telle déchéance, je faisais tout et n'importe quoi. Me convainquant que rien n'était trop bêtifiant, même taper des factures de sandwichs. Puis Harold est intervenu et on peut dire qu'il m'a sauvée. Il finissait d'écrire un scénario à partir de *Victoire*, le bref roman de

Joseph Conrad, et avait besoin de documentation sur la végétation indonésienne.

« As-tu lu *Victoire ?* » me demanda-t-il. Puis il me décrivit la rencontre sur l'île de Java entre Axel Heyst et Lena, jeune musicienne anglaise d'un orchestre de femmes itinérant. « Lena est prise au piège d'une situation terrible et Axel décide de l'en arracher », m'expliqua mon beau-père. Malheureusement pour les deux, son initiative fait entrer dans le fruit toute une colonie de vers.

Le livre refermé, je rejetai le personnage d'Axel : un benêt doublé d'un raseur, pour ne pas dire un perdant né. J'avais dix-neuf ans et on était dans les années conquérantes du « tout-en-muscles. » Mais les raisons de mon dédain étaient justement celles pour lesquelles Harold semblait admirer Axel. « C'est vrai, admettait-il, son dévouement pour Lena entraîne des conséquences désastreuses. » Mais à y repenser, *Victoire* pouvait se révéler un sujet parfait pour un scénariste tel que lui. Le héros, également appelé « le Suédois », est un inadapté naïf animé d'intentions idéalistes.

C'est Richard Lester qui avait commandé *Victoire* à mon beau-père. Le réalisateur était surtout connu pour ses films avec les Beatles – *Quatre garçons dans le vent* puis *Au secours !* – et pour *Superman III*, ainsi que d'excellents films de mousquetaires avec des acteurs de la trempe de Faye Dunaway, Michael York ou Raquel Welch. De son point de vue, Conrad et Pinter formaient « un excellent couple ». « On trouve la même précision froide dans leur écriture à tous les deux », m'a-t-il déclaré en 2019.

En 1982, Lester et Harold ont travaillé environ six mois au scénario d'après Conrad. « Il venait me retrouver dans mon bureau des Twickenham Film Studios à St Margarets [près de Londres], s'est rappelé le cinéaste retiré. Il arrivait dans sa fantastique Mercedes décapotable et je l'attendais avec une bonne bouteille de blanc. Quand nous l'avions bue, nous nous mettions au boulot. »

Harold s'était montré de plus en plus ouvert à l'imagination visuelle de Lester. « Il aimait l'idée qu'on pouvait se dispenser de beaucoup de dialogues en se contentant de montrer une image. C'était une approche qui l'intéressait. » Malgré cette collaboration joyeuse, qui les avait conduits à donner un nouveau tonus au récit en éclaircissant son climat psychologique, le projet n'a pas trouvé preneur. Le moment n'était pas le bon. « Les goûts et les intérêts ont des hauts et des bas, a reconnu le réalisateur. Et dans ces années-là, les pays de l'Asie du Sud-Est n'intéressaient personne. »

Il était prévu que *Victoire* serait aussi un authentique film d'aventures, avec des « méchants » hautement pittoresques comme Gentleman Jones, l'ennemi acharné des femmes, et le sinistre assassin Ricardo, sans oublier le peu fiable serviteur chinois, Wang. Harold m'avait embauchée pour glaner des informations sur la végétation tropicale.

Aussi consciencieuse que fût ma recherche, mes découvertes sur le gommier, le teck ou l'eucalyptus n'étaient ni très inspirées ni très inspirantes. Et franchement, qui se souvient de la verdure dans les films sur des scénarios de Pinter ? Mais il n'aurait pu se montrer plus gentil ni plus encourageant. Alors que ma confiance en moi était à son étiage le plus bas, Harold m'a aidée à en réalimenter le flot. Jamais il ne m'a parlé de mon lamentable échec à mes examens. Son idée, c'était plutôt de me mettre en relation avec son ami le réalisateur Karel Reisz.

Je me demande si Karel était de ces cinéastes qui, tout en appréciant travailler avec des « grandes » comme Vanessa Redgrave ou Meryl Streep, ne veulent rien savoir de leur célébrité, de leurs Oscars et de tout ce qui s'ensuit. Quand je suis allé le voir dans ses bureaux du nord de Londres, il donnait une classe de maître improvisée à deux jeunes gens qui s'apprêtaient à tourner leur premier court métrage. Avec la plus grande bienveillance, Karel leur énumérait les principaux chausse-trapes à éviter. (Beaucoup plus tard, si curieux que cela puisse paraître, il a été le premier à dénoncer Harvey Weinstein. Dans les années quatre-vingt-dix, il est vrai, le producteur avait volé et mutilé le film de son fils Tobey.)

Mon tour venu, Karel hocha la tête pour signifier qu'il m'écoutait. Comme si je me confiais à un moine bouddhiste ou à quelque autre personne mystiquement « éveillée », il ne fut que patience et que concentration. À la fin, prenant son téléphone, il organisa un rendez-vous en ma présence. Peu après, je fus engagée comme documentaliste photo pour une série télévisée sur les exploits d'un espion.

En cette année 1982, ma fonction consistait à rechercher des photos de lieux comme la Loubianka, la fameuse prison moscovite, puis à les apporter à la bibliothèque iconographique Hulton de la BBC, institution pour érudits.

Les bons offices de Harold et Karel ont mis un coup d'arrêt au petit désastre psychologique qui menaçait. La thérapie dont j'avais besoin ? Le travail. Avoir un métier, collaborer avec d'autres, voilà ce qui a commencé de me guérir à l'intérieur. Mon idée, c'était qu'il courtisait de préférence les beaux parleurs, les faiseurs et surtout les « pistonnés ». Il est vrai qu'on m'avait mis le pied à l'étrier – de nos jours, on parlerait de népotisme –, mais dans ma jeunesse, ce genre de pratique allait de soi.

Dix ans plus tard, en revanche, quand je demandai à Harold de m'appuyer une nouvelle fois (il s'agissait d'un emploi à la BBC), il refusa. « Adresse-toi à quelqu'un d'autre », me dit-il. Tard dans la nuit, nous eûmes une énorme dispute, ce qui ne nous était jamais arrivé. J'étais furieuse, hors de moi. Mais avec le recul, je me rends compte qu'il avait raison. Quand j'étais jeune et perdue, il était prêt à m'aider, mais une femme de trente ans, bien établie dans le monde de la mode, pouvait se débrouiller seule.

CHAPITRE DIX-SEPT

Le voleur de voiture

Un jour, on a volé Myrtle. Un inconnu est arrivé et s'est enfui au volant de la Mercedes de Harold. Le méfait s'est produit en plein après-midi, au bord de Campden Hill Square. Voleur de voiture ou non, personne n'a arrêté le gredin. Nous avons supposé qu'il s'agissait d'un des mécaniciens du garage où mon beau-père garait souvent son automobile bien-aimée.

Dans ces années-là, c'étaient des choses qui arrivaient. Une bande bien organisée, voire une sorte de mafia, volait des voitures anciennes, changeait les plaques d'immatriculation, les peignait d'une autre couleur et les expédiait par bateau vers des pays exotiques. Ces malfrats avaient dû observer notre maison, remarquer que diverses personnes y travaillaient le matin et que d'autres s'y présentaient vers la fin de l'après-midi, mais qu'il y avait moins d'allées et venues à l'heure du déjeuner et dans les premières qui suivaient.

Comme déjà raconté, Myrtle était de ces modèles qui suscitent un vif intérêt de la part des collectionneurs. Ils laissaient sous les essuie-glaces des billets manuscrits avec leur numéro de téléphone. Harold n'avait pas caché sa fierté quand un vainqueur de Grand Prix lui avait proposé de lui acheter sa belle décapotable. « Connais-tu Alain de Cadenet ? » m'avait-il demandé.

Je n'étais pas présente quand Harold est rentré à la maison. Mais j'imagine aisément son regard, sa course immédiate jusqu'au bas de la colline, puis le long de Ladbroke Grove, pour aller dénoncer le vol au commissariat. Myrtle avait disparu, et cette disparition s'avéra définitive. Alors qu'on venait de refaire jusqu'au dernier centimètre carré de son intérieur en cuir noir.

Difficile de ne pas se sentir horriblement triste pour le pauvre Harold. Son cabriolet gris argent faisait partie intégrante de sa vie. Sans le savoir, le voleur n'avait pas seulement dérobé une voiture : il était parti avec des décennies de souvenirs heureux. Le décapotage de Myrtle les jours de soleil, les tenues de cricket étalées sur la banquette arrière avant d'aller rejoindre la fine équipe des Gaieties, les trajets jusqu'à Hove, juste à côté de Brighton, pour rendre visite aux parents retraités de Harold. Ceux, aussi, vers les lieux de tournage de films comme *Le Messager*, *La Maîtresse du lieutenant français* ou encore *Trahisons*. Et mon beau-père méditatif au volant quand il écoutait une chaîne de radio classique, le calme de son sourire quand était diffusé le *Concerto pour clarinette* de Mozart, son œuvre musicale préférée.

Myrtle avait été témoin de nos vacances dans le Dorset et y avait joué un rôle fondamental. Enfants, nous montions à l'arrière, oubliant nos membres sableux et la froideur du vent du soir sur nos visages. Myrtle : liberté et ivresse. Un personnage, et un personnage pinterien. Tout en elle séduisait Harold : la courbe de ses lignes, l'emplacement de ses phares, l'inclinaison de ses portières.

Harold s'est ensuite acheté une autre Mercedes, celle-ci de couleur noire, à l'intérieur en cuir clair. Mais c'était comme boire un simple vin de pays quand on a goûté un grand cru : léger et sans caractère. De toute façon, aucun véhicule n'aurait pu remplacer Myrtle, cette pièce unique. Plus petite, la nouvelle Mercedes s'avéra plus facile à garer. Et elle avait moins souvent besoin d'être révisée.

Naturellement, mon beau-père voulut savoir tous les détails. Sur le vol, mon frère Orlando et ses copains lui avaient révélé tout ce qu'ils savaient : à vrai dire, fort peu de chose. Puis une jeune cousine, une richissime héritière, empira la situation en commentant : « C'est peut-être un homme très pauvre, ce voleur, et il avait vraiment besoin de la voiture. »

Cette phrase, Harold s'abstint de la répéter à ma mère. Pas du genre à moucharder. Eussé-je été présente que j'aurais manifesté beaucoup plus d'indignation. Un tel propos illustrait un état d'esprit d'enfant gâtée donneuse de leçons. Mais Harold ne releva pas et passa à autre chose. Comme lorsque mon frère aîné Benjamin et moi utilisâmes son compte dans une société de radio-taxis. Des trajets hors de prix, alors qu'il aurait peut-être été plus rapide de sauter dans le métro.

Autre escroc des taxis : Rupert Everett. L'« épargne de la famille Fraser » : ainsi désignait-il le compte ouvert par Harold. Rupert se servait allègrement des taxis pour l'emmener aux quatre points cardinaux de Londres et de ses faubourgs. De même qu'il faisait noter des gigots sur le compte de ma mère chez Lidgate, la boucherie de Holland Park. Une routine s'était même créée : mon frère Benjie ou moi-même passions prendre la viande commandée, puis nous appelions un taxi pour l'apporter à Rupert, qui la faisait rôtir dans son rez-de-jardin sous la maison de ses parents.

Notre arnaque passa inaperçue jusqu'à ce que Harold reçoive sa deuxième facture. La compagnie les envoyait tous les trois mois. En milieu de matinée, une réunion de crise se tint dans le salon. Harold resta debout, sans fureur, mais avec toute la dignité d'un homme profondément blessé. L'expression sur son visage me frappa. L'image de sa main, aussi, crispée sur un mince feuillet : la facture scandaleuse, preuve de notre filoutage. « Il faut que ça cesse », déclara-t-il, solennel.

Je me rappelai alors la haute moralité de mon beau-père. L'espace d'un moment, je me sentis très mal, souillée par mon ingratitude. En toute circonstance, Harold se conduisait en parangon de la générosité. Au restaurant, par exemple, c'était toujours lui qui s'emparait de l'addition. Pourtant, « l'esprit est plein d'élan, mais la chair est faible », dit la Bible. À ma grande honte, j'ai continué de me servir du compte de Harold, car les taxis étaient bien pratiques quand je quittais tôt le matin une chambre à coucher qui n'était pas la mienne. Jusqu'au jour où j'ai cessé. Je ne me trouve aucune excuse, ma conduite peut se définir comme le summum de l'immaturité. Mais il ne m'en tint pas rigueur et ne reparla plus jamais de l'escroquerie aux radio-taxis.

Ces années au sein de l'élevage Fraser ont dû être éprouvantes pour lui, qui avait grandi sans frères et sœurs. Aînée d'une nombreuse fratrie, ma mère maîtrisait l'art de naviguer avec aisance sur ces eaux turbulentes. Épinglé à sa robe de chambre en laine imprimée Liberty, un grand badge circulaire capturait son état d'esprit : « Ton histoire m'a touchée au cœur. Jamais je n'ai entendu un récit aussi désolant. Maintenant, cesse de me casser les oreilles et va te faire foutre. »

Ce badge en lettres noires sur fond blanc, elle l'avait trouvé par terre dans la chambre d'un de mes frères, probablement à côté d'une pile de serviettes mouillées et de chaussettes malodorantes. Il arrivait qu'elle y voie aussi, fugitivement, un élève de *public school* en pleine éruption pubertaire portant un de ses vieux peignoirs en éponge. Le rose pâle seyait merveilleusement à la carnation du garçon.

Harold n'aurait pu faire ce genre de trouvaille car, de toutes les années où j'ai vécu sous le même toit que lui à Campden Hill, jamais, que je sache, il n'est monté au dernier étage, celui de l'ancienne nursery et des chambres des enfants. Ce n'étaient ni ses façons ni ses affaires. De toute manière, aucun de mes amis n'avait grande envie de le rencontrer, excepté Rupert Everett. « Si nous déjeunions avec lui ? » proposait-il. Ce déjeuner, il se montrait trop imprévisible pour que Benjie ou moi nous risquions à l'organiser. Mais comme souvent, c'est Rupert qui a ri le dernier, car il a décroché un premier rôle dans *Étrange Séduction*, le film de Paul Schrader sur un scénario de Harold, et une de ses pièces anonymes a remporté le prix Pinter.

« IL N'Y A RIEN À DIRE »

Une nuit, rentrant les joues encore rouges d'un mariage à la campagne, j'eus la surprise de trouver toutes les lampes du salon allumées. Il devait être une heure et demie du matin et mon beau-père était là, assis dans son fauteuil. « Harold... » m'exclamai-je, bien étonnée. Je serrais dans ma main mes clefs de voiture, mon ensemble en lin était froissé. « Ma première femme vient de mourir », annonça-t-il. Avant d'ajouter : « Il n'y a rien à dire. » À cet instant, je vis son père se glisser dans la pièce.

Jack Pinter n'était pas comme d'habitude. Il est resté debout, sérieux, pensif. D'ordinaire, il aimait lancer des plaisanteries qui lui plissaient le coin des yeux. « Il y a un tripot au premier étage ! » disait-il, désignant une des séances de bridge de Harold. Et pour taquiner mes grands-parents après une visite dans leur maison de campagne : « Merci beaucoup, nous reviendrons. » Mais cette nuit-là, Jack restait immobile et silencieux comme un pilier. Par une coïncidence, il se trouvait à Londres en raison d'un problème de santé de sa femme.

Bien qu'on m'eût priée de garder le silence, j'ai naturellement dit quand même : « Je suis vraiment, vraiment désolée. » Des mots qui venaient du cœur. Je me sentais aussi très émue par l'image de Harold soutenu moralement par son père. Par cette loyauté inébranlable entre eux, solide comme le roc. Inattaquable. Comme étaient inattaquables les paroles de Harold : « Il n'y a rien à dire. »

Leur gravité n'aurait pu contraster plus radicalement avec la fête dont j'arrivais. Le fils cadet d'un duc venait de se passer la corde au cou. Enfilade de visages enjoués (et au regard un brin vitreux) autour d'une très longue table en bois, à quelques mètres d'un beau feu de bûches qui craquetait et crépitait. La haute société britannique, avec sa bêtise partagée, ses histoires lestes et ses indiscrétions sur la famille du marié tandis qu'on éclusait bouteille après bouteille de bordeaux rouge.

« Il n'y a rien à dire. » Cette injonction m'a ramenée sur terre dans une sorte d'atterrissage forcé.

Harold, dans ces années-là, était « M. Vérité ». Autour de lui, les sentiments et les émotions qu'on éprouvait comptaient. On ne se moquait pas, on ne riait au visage de personne et personne n'était humilié. Jamais on n'était témoin de ces agressions passives qui font dire « Ce n'était qu'une blague ! » quand quelqu'un avait prononcé des mots crûment insultants, le plus souvent envers une femme.

La montée en flèche de la toxicomanie au sein de la jeunesse bien née indiquait qu'une certaine société pourrissait de l'intérieur. Lors de mon premier bal dans le grand monde, il m'a paru clair que certains élégants damoiseaux s'étaient shootés à l'héroïne. Facile à déceler : les pupilles pareilles à deux têtes d'épingle, ils se grattaient comme des macaques. Sans compter les cas de jeunes drogués qui pillaient la maison familiale. De véritables écorcheurs qui ne laissaient rien derrière eux. Des commodes inestimables, des tapis persans et de précieux bijoux de famille étaient ensuite vendus pour une bouchée de pain, parce qu'il leur fallait financer leur addiction.

La présence de Harold me rassura, comme toujours. Mais ses mots me sont restés gravés dans la mémoire : « Il n'y a rien à dire. » Il est rare que les mots apaisent. La souffrance doit s'assimiler, se supporter. Elle guérit, mais parfois la plaie se rouvre. Je l'ai clairement senti quand mon père est mort en 1984. Les lettres m'ont fait du bien, mais les échanges verbaux m'ont torturée.

Je n'avais jamais rencontré Vivien Merchant. Sa disparition n'en était pas moins affreusement triste : l'ex-femme de Harold n'avait que cinquante-trois ans. Quatre jours plus tard, le 7 octobre 1982, le rapport du coroner révéla qu'elle était morte d'alcoolisme. Après avoir remis son compte rendu par écrit, un certain docteur Foster déclara : « Tragiquement, cette femme a bu jusqu'à en mourir. »

Comme je travaillais alors pour Chatto & Linnit, une agence théâtrale prospère, j'entendis d'autres échos sur l'instabilité de Vivien. « Ma chérie, quel terrible et tragique gâchis ! » s'exclama Roz Chatto, ma patronne, qui avait fréquenté le premier couple Pinter depuis les années soixante. « Vivien était une actrice réellement merveilleuse et une femme profondément attendrissante. Mais aussi une personnalité complexe et angoissée. » Le fils aîné de Roz avait le même âge que mon demi-frère Daniel. « Ce pauvre garçon a été tellement surprotégé ! poursuivit Roz. Pour Harold, ce doit être étrange de vous voir si équilibrés, tes frères et toi. » Roz, qui travaillait dans le show-business britannique depuis plus de trois décennies, avait l'expérience de toutes les situations.

Mon cœur s'émeut toujours pour le pauvre cygne abandonné. Quant au comportement aussi agressif qu'autodestructeur de Vivien, il est clair qu'elle était sous l'emprise de sa maladie. C'est l'alcool qui parlait par sa bouche. Certes, elle avait voulu faire de la vie de Harold un enfer. Mais bien avant de rencontrer ma mère, il avait entretenu toute une série de liaisons.

Un journal a prétendu qu'aux obsèques, Harold avait sangloté. La mort, c'est vrai, fait remonter les souvenirs des temps heureux. Leurs premiers pas sur les planches, leur attirance devenue un amour, leur mariage, la naissance de leur fils Daniel. Et son œuvre, que Vivien avait tant contribué à faire vivre. Ses incarnations dans *Le Retour*, *L'Amant* ou *C'était hier* sont restées des références.

Le décès de Vivien s'est produit dix jours avant la première du nouveau spectacle de Harold : trois pièces en un acte, créées au National Theatre. Sous le titre d'*Autres Horizons*, le triptyque se composait de *Family Voices*, *Victoria Station* et *Une sorte d'Alaska*. D'abord représenté au Cottesloe Theatre, son metteur en scène, Peter Hall, collaborait avec Harold depuis *Le Retour* en 1965. Aussitôt reconnaissable, l'écriture de mon beau-père était reproduite sur l'affiche et le programme.

Victoria Station est une comédie noire à deux personnages, qui oppose le coriace gérant d'une compagnie de radio-taxis à un de ses chauffeurs, lequel n'a jamais entendu parler de la célèbre gare londonienne. L'idée en est venue à Harold un jour où, rendant visite à ses parents à Hove, il est tombé sur un chauffeur incompétent. Tel fut son préambule en 1981, avant qu'un soir il ne décide tout à trac de lire la pièce à haute voix. Il avait rédigé le texte à la main sur ses fameux feuillets jaune paille. Son public ? Ma mère et moi. Tout en souplesse, Harold passa d'un rôle à l'autre. À la fin, nous le couvrîmes d'éloges, comme l'exigeait la tradition pinterienne. Et, c'est vrai, j'ai préféré son interprétation à celle du National Theatre. La mise en scène de Peter Hall ne semblait pas bien fonctionner. Ou peut-être est-ce la grandeur de la scène qui manquait d'intimité.

Rien ne m'avait préparée à la performance de Judi Dench dans *Une sorte d'Alaska*. Totalement époustouflante, elle jouait le rôle de Deborah, grande bourgeoise anglaise qui se réveille à l'âge de quarante-cinq ans après avoir dormi vingt-neuf ans. Pour écrire sa pièce, Harold s'était inspiré du livre du médecin Oliver Sacks, *L'Éveil*, relation détaillée portant sur vingt victimes d'une maladie épidémique, l'*Encephalitis lethargica* ou « maladie du sommeil européenne ». « Parmi les survivants, a écrit Harold dans son introduction, certains s'en sont sortis indemnes, mais la majorité a sombré dans un état pathologique de plus en plus grave. »

Après avoir vu *Une sorte d'Alaska*, Sacks a réagi par ces mots : « J'ai le sentiment que Pinter a perçu plus de choses que je n'en ai écrit, que, de manière inexplicable, il a deviné et pénétré le cœur du problème, sa vérité profonde. » Quant au jeu de Judi Dench, il n'a pu contenir son émerveillement. « Comme Pinter, Miss Dench n'a jamais rencontré de patient post-encéphalitique, a-t-il révélé. Elle a pourtant senti qu'elle pouvait assez bien imaginer cet état grâce au portrait que brosse l'auteur du personnage. Extraordinaire, ai-je d'abord pensé, mais sa prestation s'est avérée poignante et, je dois le reconnaître, tout ce qu'elle disait semblait vrai. »

Comme si le rôle avait été écrit pour elle et rien que pour elle, Judi Dench reste à ce jour la titulaire incontestée de Deborah. Il y a plus de quarante ans que je l'ai vue l'incarner, mais j'entends encore sa voix dans ma tête. Ce qui confirme le jugement de Peter Hall : « Au théâtre, la voix est tout ou presque tout, parce qu'elle permet la communication, elle permet la sexualité, elle permet l'humour. » Dans *Une sorte d'Alaska*, il y avait aussi la fragilité confuse de l'immense comédienne et son charme de femme-enfant. Grâce à son tour de force, j'ai mieux compris l'approche poétique des mots qui caractérisait Harold. Comme chez Tennessee Williams, aussi bien la description que l'émotion devenaient vivantes, sensibles.

CHAPITRE DIX-HUIT

Six semaines dans une autre ville

À New York, des portes invisibles s'étaient ouvertes toutes grandes devant Harold et ma mère. Aucune ville ne vibre de cette adoration pour les écrivains. En 1984, accueillis comme un couple de souverains en visite officielle, ils avaient été emportés dans un tourbillon de respect et d'affection. Londres a parfois regardé leur union d'un mauvais œil, mais New York, jamais.

Après avoir rejoint ma mère à l'hôtel Wyndham, sur la West 58th Street, j'avais appris que Harold avait rendez-vous avec Sam Shepard. Ils prenaient un verre au Carlyle. Non sans une certaine déception, je devais comprendre à son retour que mon beau-père ne s'était pas fait un ami, non plus qu'ils n'avaient échangé de confidences entre créateurs. Son confrère américain l'avait fait asseoir à sa table avec toute une armée de bruyants buveurs de bière, tous des copains à lui, et la plupart de ses phrases commençaient par « Mes potes et moi ».

Pour Harold, une petite blessure bien compréhensible. Sinon, le programme des activités s'annonçait chargé. Dans la journée, ma mère et lui menaient des existences séparées. Il rencontrait des écrivains, producteurs, des metteurs en scène et des journalistes, pendant que maman faisait des recherches en bibliothèque ou rejoignait sa bande d'amis du monde des lettres new-yorkais. Parmi eux : Bob Gottlieb, son éditeur chez Knopf ; Barbara Epstein et Bob Silvers, de la *New York Review of Books* ; et la romancière Alison Lurie. Puis les Pinter se retrouvaient, allaient voir un spectacle sur Broadway ou participaient à une soirée littéraire, ou encore assistaient à une conférence, avant un dîner tardif.

Leur passion partagée pour New York avait encore resserré le lien qui les unissait. Le fait que leur succès eût commencé dans les années soixante – une période culturellement bénie pour la Grosse Pomme – avait approfondi leurs affinités mutuelles. Mais, si l'on excepte leur long séjour à Manhattan en 1977, quand Harold avait mis en scène *Otherwise Engaged* de Simon Gray, leurs visites avaient été assez fugaces. Le bon côté, c'est qu'en paraissant et disparaissant, Harold et ma mère restaient des visiteurs exotiques et que leur présence ne se banalisait jamais. Les accueillir ne tenait pas de la routine. Les New-Yorkais se lassent facilement. Qu'on annonce une visite brève et tout le monde voudra vous voir. Une longue, et beaucoup trouveront des excuses pour se dérober.

Quand Harold et ma mère débarquèrent à Los Angeles, je n'eus pas conscience tout de suite du choc culturel qu'ils affrontaient. Nous étions en novembre 1985 et ils venaient pour la production de *C'était hier*. Les gens se couchaient avec les poules et, dans les rues, la vie nocturne était inexistante. Pour des Européens, double problème. Sur le plan professionnel, la Cité des Anges s'affairait pendant la journée, mais après le coucher du soleil tout semblait s'arrêter.

À mon arrivée à Hollywood six mois plus tôt, j'avais été ébahie par l'étendue de la ville. L'ensorcelant, c'est que cette cité sans règles fût aussi celle de la liberté et de toutes les opportunités. Mais pour Harold et ma mère, Los Angeles se révéla un lieu d'aliens et d'aliénation. Le choix de leur hôtel n'arrangea pas les choses. Sur le conseil de Lauren Bacall – « Appelez-moi Betty ! » –, ils descendirent au Bel-Air et s'en mordirent ensuite les doigts, ma mère surtout.

Séjourner dans un établissement comme le Beverly Wilshire leur aurait permis une tout autre appréhension de la ville, et aussi, au quotidien, d'agréables promenades parmi les belles boutiques et les restaurants de Beverly Hills. Le Bel-Air, cette oasis de luxe, se trouvait fâcheusement loin de tout. Mes parents y ont vécu relégués et constamment dépendants des chauffeurs. En raison du décalage horaire et de la crainte constante de s'endormir au volant, l'un et l'autre s'effrayaient à l'idée de conduire sur ce qu'ils appelaient « le mauvais côté de la route ».

Les fortes pluies rendirent encore plus difficile ce premier contact malheureux. Rares à Los Angeles, des averses torrentielles marquèrent du début à la fin leur séjour en Californie. Sans compter que je ne brillai pas par mon sens de la compassion. J'avais quitté le cocon familial, et leur mal-être m'irritait et m'impatientait.

Toutes les fois que j'arrivais au Bel-Air, ils avaient changé de suite. Ils ont dû le faire au moins quatre fois. Apparemment, il y avait toujours un problème, comme le bruit des poubelles tôt le matin.

Malgré son stoïcisme, c'était pire pour ma mère : Harold avait son équipe et jouait dans *C'était hier* huit fois par semaine. C'était la première fois que je le voyais sur scène. Donnée au théâtre Henry-Fonda, la production était mise en scène par son vieux complice David Jones, le réalisateur de *Trahisons.* Transférée du Royal Haymarket, dans le West End, elle comptait toujours dans sa distribution Liv Ullmann (Anna) et Nicola Pagett (Kate), mais mon beau-père remplaçait Michael Gambon dans le rôle de Deeley.

Voir Harold incarner un de ses personnages a approfondi ma compréhension de son théâtre. Son jeu avait quelque chose de tellurique, avec un tempo irréprochable et très peu de silences. Par moments, il était aussi très drôle. Comme beaucoup de mes amis voulaient le découvrir en tant qu'acteur, je dus assister à la pièce à cinq ou six reprises. À chaque représentation, je constatais une évolution : il s'arrangeait pour que son interprétation fût subtilement différente. Au début, j'avais vu un personnage rusé et un acteur qui s'emparait de la scène, mais ensuite son Deeley était devenu de plus en plus vulnérable. À la dernière, Harold avait « craqué » et presque pleuré sur scène.

Ce soir-là, j'ai vu *C'était hier* en compagnie d'un ami du milieu de la musique. Il ne cacha pas sa surprise de découvrir un Harold tellement sans défense. Il avait fallu du temps à mon beau-père pour en arriver là, lui expliquai-je, non sans lui révéler combien de fois j'avais assisté au spectacle. « Et ça ne vous ennuie pas de le voir et de le revoir ? » me demanda-t-il d'une voix un peu stridente. Non. Car *C'était hier* m'intriguait de plus en plus. « Je suppose que Pinter est comme la musique classique, suggéra-t-il. On peut le jouer bien ou mal. »

Au terme de la première, quelques complimenteurs hautains étaient apparus en coulisse. Donald Pleasence n'avait prononcé qu'un mot – « Superbe » – avant de s'en repartir. Comme Harold était légèrement enivré par sa prestation et la voix de son vieil ami trop étouffée pour qu'il l'entende au milieu du brouhaha, il s'est énervé. Par bonheur, le malentendu avait été dissipé le lendemain.

Gore Vidal était venu aussi, en compagnie de son compagnon Howard Austen et de l'agent d'artistes Sue Mengers. Gore, *le* grand écrivain américain par excellence, personnage noble d'allure autant que noblement retors, récita mot pour mot des tirades entières de la pièce. Un futé. Une femme, cependant, me sembla assez bizarre, voire un tantinet sinistre. Surgie de l'ombre, elle se présenta comme une astrologue.

Sitôt sortis, Harold et ma mère furent assaillis par un essaim d'admirateurs, mais rien ne pouvait empêcher l'astrologue de leur demander leur lieu, leur date et leur heure de naissance. À ma stupeur, ma mère finit par la renseigner en criant par la fenêtre de la limousine. Ce genre d'incident ne pouvait arriver qu'à Los Angeles. Ou plutôt : ne pouvait arriver qu'à lady Antonia à Los Angeles.

Pour accueillir mes parents, Tony Richardson donna un de ses déjeuners décontractés. Le cinéaste de *La Solitude du coureur de fond* et ex-époux de Vanessa Redgrave régnait avec une autorité confondante sur un groupe d'amis extraordinaires, parmi lesquels la romancière Joan Didion et le peintre David Hockney. Tony : encore un homme que Harold connaissait depuis les années soixante, la grande époque du théâtre du Royal Court et du *Free Cinema* britannique. Au Royal Court, il avait mis en scène les premières productions de *La Paix du dimanche* et du *Cabotin* de John Osborne, ses meilleurs pièces, avant de les porter à l'écran. Mais après l'énorme succès de son film picaresque *Tom Jones* (1963), il avait tourné le dos à la scène pour se consacrer au cinéma.

Tony, qui avait quelque chose du Prospero de *La Tempête*, avait bien voulu me prendre sous son aile. Cette bienveillance générique me valait d'être invitée à tous ses divertissements et à venir nager chez lui quand je voulais. Sa villa avait appartenu à une célèbre actrice porno du nom de Linda Lovelace. Situé à quelques minutes en voiture de Sunset Boulevard, ce havre tout de bric et de broc se dressait au milieu d'un jardin enchevêtré de citronniers et d'orchidées cultivées maison, et la vue sur sa longue piscine turquoise ajoutait à ce décor un dramatisme cinématographique. Quand j'en descendais les marches escarpées, je ne pouvais manquer de penser à *Boulevard du crépuscule*, à *Shampoo* et à d'autres classiques hollywoodiens. Au moment où Tony avait emménagé, cette piscine, alors vide, était occupée par une vieille voiture cabossée. Comment elle était arrivée là ? Devine qui peut.

Au cours du déjeuner, Tony sembla plus à l'aise avec ma mère qu'avec Harold. Maman fut touchée de l'entendre parler de la lumière de Los Angeles, et de sa préférence pour la ligne d'horizon telle qu'on la voyait de Sunset Boulevard plutôt que du haut des collines, les fameux canyons. Cela ne ressemblait pas à Tony de se montrer tendu et méfiant, mais, à l'égard de mon beau-père, je sentis bien qu'il l'était. Certes, ses œuvres les plus récentes ne pouvaient guère lui agréer. *Un pour la route* (1984) avait inauguré sa série de pièces ouvertement politiques. Harold prouvait qu'un auteur engagé ne dort jamais. Tony, pour sa part, se sentait professionnellement frustré. On était dans les années où les superstars masculines attiraient toute la lumière, mais aussi les largesses des producteurs. Gros problème. Car c'était avec les actrices que Tony aimait travailler : selon lui, elles connaissaient mieux leur métier. Bien qu'il n'eût jamais manqué de nouveaux projets, il semblait insatisfait. Alors que Harold ne l'était pas.

Quelques jours plus tard, un dîner réunissant celui-ci, Tony et un journaliste américain se révéla désastreux. La politique internationale montra sa tête hideuse et Tony, toujours un peu pervers, provoqua la fureur de Harold. Pas difficile, à vrai dire. Au milieu des années quatre-vingt, mon beau-père avait changé. Quelques verres de vin, et son humeur se faisait belliqueuse. Pour ma part, j'avais appris à ne pas attiser les braises de la passion politique qui couvaient toujours en lui. Mais ce que cherchait Tony, c'était le défaut dans la cuirasse. Bien que j'eusse beaucoup d'affection pour Richardson l'asticoteur, celui-ci n'eut pas à chercher longtemps.

La rencontre de Harold avec Peggy Feury, en revanche, alla au-delà de toutes les espérances. Cette ancienne actrice devenue professeur légendaire avait formé les stars hollywoodiennes les plus captivantes des années quatre-vingt. Passée d'abord par l'école de théâtre de l'université de Yale, elle faisait partie des membres fondateurs de l'Actor's Studio de Lee Strasberg. Pour Peggy, l'œuvre de Harold se situait au même niveau de génie que celle de Tchekhov. Pour devenir acteur, il importait de les lire et de les relire tous les deux, enseignait-elle à ses étudiants, dont Sean Penn. Selon elle, aucun auteur dramatique n'atteignait au même degré de profondeur. Cette admiration m'avait d'abord inquiétée. Si elle voyait en Harold un dieu du théâtre, n'était-il pas inévitable qu'elle fût déçue ?

Ils tombèrent dans les bras l'un de l'autre. « Ma femme est partie ! » plaisanta Bill Traylor, le mari de Peggy. Assis dans leur coin, oublieux de tout le monde, Harold et Peggy semblèrent discuter de tous les sujets. « Pour ma mère, ce fut une expérience au-delà du réel, s'est rappelé Susan Traylor. Si intense qu'elle a soudain dit à Harold : “J'ai un mari et deux filles.” » À quoi Harold répondit, énigmatique : « Tout est dans le jardin. » Si troublant que cela puisse paraître, la rencontre de Peggy avec son héros théâtral est survenue peu avant son décès prématuré. Quelques semaines plus tard, elle a péri dans un effroyable accident de la route, la tête écrasée. Il a fallu, pour identifier son corps, se référer à son dossier dentaire. Sa mort a choqué tout le monde.

La rencontre avec le dramaturge engagé Donald Freed fut un autre grand moment du séjour californien de Harold. Les deux hommes partageaient une même indignation envers la politique extérieure des États-Unis et croyaient en des théories alors tenues pour conspirationnistes, mais aujourd'hui avérées. Le livre de Freed, *Death in Washington* (1980), coécrit avec le professeur de science politique Fred Landis, accusait la CIA d'avoir prêté la main au coup d'État de 1973 au Chili ainsi qu'à l'assassinat, en 1976, de l'ex-ambassadeur de ce pays aux États-Unis.

Plus tôt dans l'année, mon beau-père et Arthur Miller, à la demande de Pen International (une organisation qui lutte pour la liberté d'expression et la protection des auteurs), avaient effectué un voyage à Istanbul. Comme il se devait, la compagnie aérienne avait égaré les bagages de Harold. Cela lui arrivait souvent. Et Miller avait dû lui prêter plusieurs paires de chaussettes. Le but de ce voyage de mars 1985 : enquêter sur des allégations de persécution et de torture subies par des écrivains turcs. Comme tout était organisé par Orhan Pamuk, futur prix Nobel de littérature, ils avaient rencontré des dizaines de gens de lettres.

Soucieux de détendre l'atmosphère, l'ambassadeur des États-Unis avait donné un dîner en l'honneur de Miller. Nullement impressionné, Arthur avait prononcé un discours où il demandait pourquoi son pays, tout en se vantant d'être un modèle de démocratie, soutenait des dictatures militaires un peu partout dans le monde, à commencer par la Turquie. « Des centaines de personnes sont emprisonnées pour leurs idées, s'était insurgé le dramaturge américain. Qu'est-ce qu'il en reste, de nos valeurs démocratiques ? » L'ambassadeur, poliment, avait remercié Arthur, puis commis l'erreur de s'adresser à Harold : « Mr Pinter, vous ne semblez pas comprendre les réalités de la situation turque. N'oubliez pas que les Soviétiques sont de l'autre côté de la frontière. Vous devez garder présentes à l'esprit la réalité politique, la réalité diplomatique, la réalité militaire. – La réalité à laquelle je pense, avait riposté mon beau-père, c'est celle des décharges électriques dans les testicules. » Cette réponse avait suscité le scandale, mais se faire jeter à la porte de l'ambassade est resté « un des grands moments de fierté » de la vie de Harold.

L'année suivante, il devait mettre en scène une des pièces de Donald Freed, *Circe & Bravo*. L'histoire est celle d'une Première Dame des États-Unis (nom de code : Circe) dont la sécurité est gravement mise en péril quand sa protection est confiée à un agent spécial des services secrets (nom de code : Bravo). À la stupeur de beaucoup, Harold s'était assuré les services de Faye Dunaway.

Comme les représentations auraient lieu au Hampstead Theatre de Londres, je n'en ai pas pensé grand-chose jusqu'à ce que Faye Dunaway me téléphone à l'agence théâtrale Triad, où je faisais mes premiers pas : « Bonjour, c'est Faye, Faye Dunaway. Comment allez-vous ? » La conversation fut brève : je n'avais pas grand-chose à lui dire, hormis que Harold était sur un nuage à l'idée de la diriger. Prise au dépourvu, je dus lui paraître si sèche, si anglaise.

Mais, pensais-je, l'enthousiasme de Faye pour la pièce m'avait forcément valu plusieurs bons points chez Triad.

Cette idée en tête, je supposai que mes patrons et collègues seraient ravis de faire la connaissance de Harold et de ma mère quand ils passeraient à l'agence. Le jour venu, j'ouvris fièrement la porte de la salle de réunion pour annoncer leur arrivée. Des regards éberlués furent échangés entre Lee Rosenberg, le maître de Triad, et sa bande d'agents littéraires. Soudain nerveuse, je redemandai – d'une voix un brin suppliante – s'ils souhaitaient rencontrer mes parents. Par bonheur, une des membres de la clique, Rhonda Gomez, claironna : « Oui, surtout moi ! » Rhonda, s'avéra-t-il, était une admiratrice des biographies de ma mère.

L'air sinistre derrière ses lunettes fumées, Harold salua d'un bref hochement de tête. Rien qu'à tâter la température d'une pièce, cet hypersensible savait d'emblée quels courants y circulaient. Pour sa part, ma mère fit preuve de son naturel désarmant en remerciant tout le monde de me donner du travail. Son expansivité suffit à briser la glace, accentuée par sa voix mélodieuse et son délicieux accent. Des compliments furent échangés, et même quelques petits rires. Comme si souvent, maman avait sauvé une situation potentiellement gênante.

DERNIÈRE IMAGE

Paris, 1997. Je m'apprête à me marier, Harold à me conduire à l'autel. Telle l'héroïne d'un roman de Diane Johnson, je me suis laissé transformer de la tête aux pieds. De faux cheveux s'enroulent autour du diadème familial en forme de tiges et de fleurs de chèvrefeuille. Ma robe haute couture, signée Chanel, a été démontée pour repasser délicatement chaque couche au fer à vapeur. Mon corsage à rubans a exigé de la patience, de même que tous les crochets. Une fois chaussés mes hauts talons, il a fallu agrafer ma traîne en tulle, façon « tournure » de la Belle Époque, à la robe en dentelle cousue de discrets sequins blancs de la maison Lesage.

Harold se faisant attendre, je me demande où il a pu passer. Mon beau-père est une des personnes les plus ponctuelles que je connaisse. Ouvrant la porte, je le trouve à mi-hauteur de l'escalier. J'ai d'abord aperçu le bout de ses souliers bien cirés. Pauvre Harold. Il semble ahuri et perdu. Échoué là dans sa redingote de mariage – louée pour l'occasion –, son image me touche : en un éclair, j'ai perçu toute sa vulnérabilité. Dans le couloir obscur, il n'a pas compris comment fonctionnait l'éclairage de l'hôtel, et pas réussi à trouver ma chambre. À un homme comme Harold, l'affaire doit sembler kafkaïenne. « Ne me dis pas que tu montes et descends ces marches depuis tout à l'heure ? » Mais je devine que c'est exactement ce qui s'était passé. Pour ajouter à son anxiété, il y a bien entendu mon apparence. Comme si l'on allait me remettre un Oscar, elle est complètement, presque incroyablement différente.

En bas, nous trouvons notre voiture : une Cadillac décapotable, de couleur rose. Le chauffeur demande si nous désirions qu'il baisse la capote. « Non », répond Harold, et je me hâte de faire chorus. En esprit, nous sommes revenus à notre point de départ de février 1975. Au lieu d'admirer ma calligraphie dans le salon de Campden Hill, il s'efforce de me calmer tandis que nous roulons devant l'Assemblée nationale. Bien émotive, je ne cesse de jacasser, sans bien comprendre moi-même ce que je dis, tout en l'entendant répéter : « Tasha, voyons, tout ira bien. »

À notre arrivée, Harold chausse ses lunettes fumées, puis attend que Gilles Dufour, de la maison Chanel, dispose autour de moi mes huit demoiselles d'honneur avant de faire une dernière fois bouffer ma traîne. Il faut qu'elle ressemble à un nuage.

Le son de l'orgue s'élève et nous remontons la nef.

DANS LA MÊME COLLECTION

Pierre André, *Elle s'appelait Lucia*, roman
Jérôme Bastianelli, *La Vraie Vie de Vinteuil*, roman
Xavier Bourgine, *Les Ultimes*, roman
Nicolas Cano, *La Séquestration*, roman
Philippe Costamagna, *Histoires d'œil*, essai – *Les goûts de Napoléon*, essai
Geneviève Damas, *Strange*, roman
Pierre Ducrozet, *Eroica*, roman
Alexandra Fritz, *Branques*, roman – *Les Évadés*, roman
Oriane Jeancourt Galignani, *Hamadar*, roman – *La Femme-Écrevisse*, roman – *Quand l'arbre tombe*, roman
Géraldine Kosiak, *Chez nous*, récit
Vincent Jaury, *La Petite Bande*, roman
Joy Majdalani, *Le Goût des garçons*, roman
Clémentine Mélois, *Sinon j'oublie*, roman – *Dehors, la tempête*, essai
Sébastien Ministru, *Apprendre à lire*, roman – *La Garde-Robe*, roman
Laurent Nunez, *Si je m'écorchais vif*, essai – *L'Énigme des premières phrases*, essai
Loïc Prigent, *« J'adore la mode mais c'est tout ce que je déteste »*, pépiements – *« Passe-moi le champagne, j'ai un chat dans la gorge »*, pépiements
Revue Le Courage N° 1 *Littérature* 2015
Revue Le Courage N° 2 *Les Salauds*
Revue Le Courage N° 3 *Âge d'or / Âge de fer*
Revue Le Courage N° 4 *Minorités supérieures*
Revue Le Courage N° 5 *Orphée, retourne-toi*
Revue Le Courage N° 6 *Les vingt premières années du XXIe siècle vues par vingt écrivains*

Cet ouvrage a été imprimé
par CPI Brodard et Taupin à La Flèche
pour le compte des éditions Grasset
en septembre 2023

Mise en pages
PCA 44400 Rezé

PAPIER À BASE DE
FIBRES CERTIFIÉES

Grasset s'engage pour
l'environnement en réduisant
l'empreinte carbone de ses livres.
Celle de cet exemplaire est de :
700 g éq. CO_2
Rendez-vous sur
www.grasset-durable.fr

N° d'édition : 22915 – N° d'impression : 3053871
Dépôt légal : octobre 2023
Imprimé en France